Patricia Waller

HäkelLust

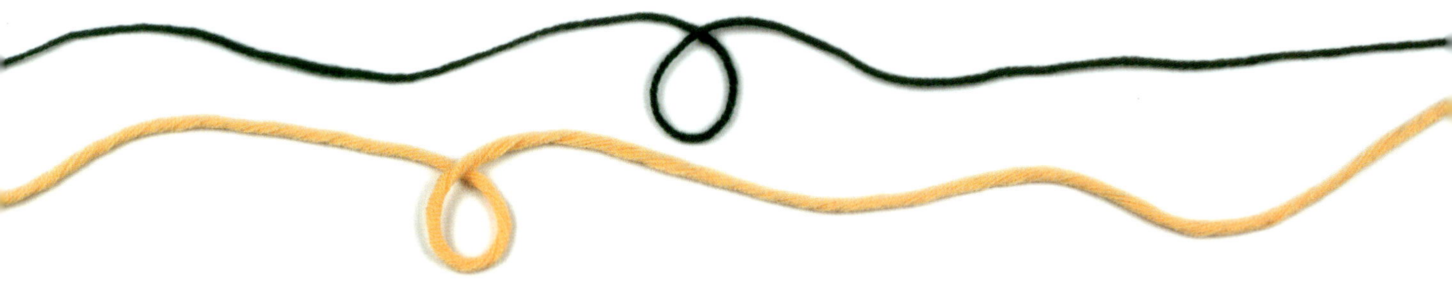

Patricia Waller

Häkel Lust

Köstlichkeiten aus Wolle

Witzige Häkelanleitungen
und kreative Rezepte

Texte und Rezepte von Yvonne Haubrich

Vorwort von Michael Hübl

Herausgegeben
von der Galerie Deschler, Berlin

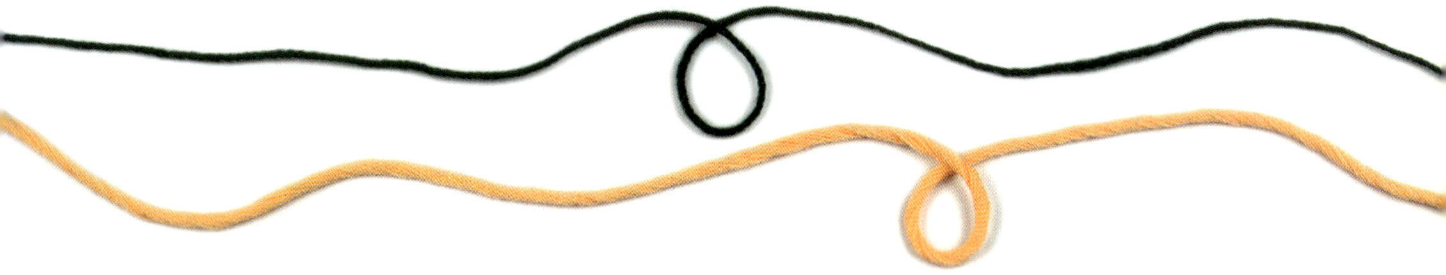

Mary Hahn Verlag

Verzeichnis der Rezepte und Häkelanleitungen auf Seite 118

Interview, Lebenslauf und Ausstellungsverzeichnis
Patricia Waller S. 114ff

Besuchen Sie uns im Internet unter www.maryhahn-verlag.de

Umschlaggestaltung: Wolfgang Heinzel
Umschlagfotos: Patricia Waller, Steffen Harms
Fotos im Innenteil: Patricia Waller, Steffen Harms
Layout: Wolfgang Heinzel
Satz: VerlagsService Dr. Helmut Neuberger
& Karl Schaumann GmbH, Heimstetten
Druck und Binden: Offizin Andersen Nexö, Leipzig
Printed in Germany
ISBN 3-87287-505-1

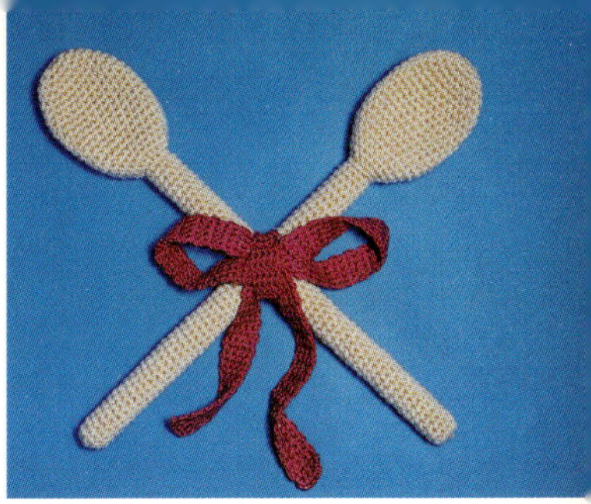

Vorwort

Wirklichkeit im Schafspelz

Der Tisch der Kunst ist reich gedeckt mit Leckereien und Grausamkeiten. Auch bei Patricia Waller. In der sparsam eingerichteten Küche ihrer 60er-Jahre-Mietwohnung finden sich, sozusagen nach Marktlage, drall gewickelte Sushi-Happen, stocktrockene Pommes im Portionskarton, ein rosiger Schweinskopf mit Karotte im Maul, aber auch Einmachgläser, deren Inhalt nicht ganz dem Angebot von Supermärkten, Schnellrestaurants oder Landgaststätten entspricht: Augen mariniert wie Silberzwiebeln, Zahnprothesen eingelegt wie Artischocken oder Austernpilze. An der Wand hängen Rundsiebe. In den wirtschaftswunderlichen Zeiten der Nylonstrümpfe und Nierentische hat man sie gerne benutzt, um gekochten Reis in Form zu bringen – eine Cocktailkirsche obendrauf, und schon saß auf der weißen Sättigungsbeilage ein roter Farbtupfer, den, wer wollte, auch als neckisch-frivole Anspielung verstehen durfte. Patricia Waller scheint diesen Serviervorschlag aufgegriffen zu haben. Die Siebe an der Wand sind gefüllt. Wohl nicht mit Reis, und wenn, dann ist er eingefärbt, beige-bräunlich, eigentlich hautfarben, und die Kirschen sind auch keine Kirschen, sondern Brustwarzen. Selbstredend alles aus Wolle.

Was aussieht wie ein makabrer Wonder-Bra oder ein sonstiges grausames Büstenhaltermodell, lässt sich ohne weiteres als Anspielung auf die Kunstgeschichte deuten: Gelegentlich werden dort Brüste serviert. Sie liegen auf einem silbernen Tablett und verweisen auf die Leiden der Heiligen Agatha, die der Legende nach in Catania lebte, sich den sexuellen Avancen des Herrschers von Syrakus widersetzte, daraufhin in ein Bordell verschleppt, nachher eingekerkert und gefoltert wurde. Ihre Peiniger quälten sie mit brennenden Fackeln und schnitten ihre Brüste ab. In den sogenannten Agathenbroten, die der Märtyrerin in manchen Gegenden geweiht wurden, hat man sie symbolisch nachgebildet. Hier wird eine Speise, ähnlich wie die Hostie in der christlichen Eucharistie, zum Fingerzeig auf einen Akt skrupelloser Brutalität. Denn Speisen werden eingenommen, und das heißt: Die Botschaft, die ihnen beigemengt ist, wird über den Stoffwechsel gleichsam in den Körper eingeschrieben. Erinnerung wird biologisch verinnerlicht.

Essen ist ein existenzieller Vorgang. Wenn also Speisen mit Ereignissen in Verbindung gebracht werden, die erschreckend wirken oder ein Gefühl von Bedrohung auslösen, dann ist sofort ein Lebensnerv getroffen. Das Schaudern, Unbehagen und Entsetzen, das der Anblick verletzter und verstümmelter Wesen auslöst, korreliert dann mit der tief sitzenden Urangst vor dem Hungertod: Jedes Stück Brot ruft auch die Not ins Gedächtnis, die es bedeutet, wenn alle Speicher und Schubladen, Kammern und Kühlschränke leer bleiben. In diesem Spannungsfeld bewegt sich Patricia Waller. In ihrem Werk, das sich keineswegs auf gehäkelte Kulinaria beschränkt, gibt es ein gut bestücktes Arsenal an Marterwerkzeugen und tendenziell tödlichen Instrumenten: ellenlange Messer, Bomben, dazwischen allerlei Utensilien aus der Sado-Maso-Praxis. Aber die schwere Klinge ist von silbrigem Lurex umgarnt, der Sprengsatz erweist sich als Topflappen und die Fesseln, Peitschen, Masken oder Zwangsjacken, die offenbar zum Rüstzeug einer anständigen Domina gehören, sind bei Patricia Waller ebenfalls von einer wollenen Hülle ummantelt. Das zerstörerische Potenzial all dieser Gerätschaften ist entschärft, abgepuffert durch weiches, dichtmaschiges Gewebe. Umgekehrt verhält es sich bei den Wurstplatten und Tellergerichten, bei den Eisbechern und Cocktailhappen, die Waller liebevoll anrichtet: Die sehen zwar appetitlich aus, sind aber ungenießbar. Bereits die Vorstellung, Wollwürste oder Häkelknödel schlucken zu müssen, dürfte bei den meisten Menschen genügen, um Würgereize auszulösen.

Waller demonstriert Offensichtlichkeit. Mit akribischer Hingabe ans Detail räumt sie jeden Zweifel darüber aus, was jeweils gemeint ist. Die gestoßenen Pfefferkörner auf einem französischen Frischkäse werden genauso sorgfältig mit Nadel und Faden ›modelliert‹ wie die Liebesperlen auf einem Sahnehäubchen. Doch so eindeutig sich die Objekte von Patricia Waller identifizieren lassen, so vielfältig sind die Fragen, die sie aufwirft, so irritierend sind die Assoziationen, die sie hervorruft. Patricia Waller bringt scheinbar selbstverständliche Sachverhalte aus dem Gleichgewicht der Konvention, und es ist in diesem Zusammenhang symptomatisch, wo und wie sie begann, ihre künstlerische Methode auch auf Nahrungsmittel anzuwenden. Bei den Vorbereitungen zu einer Ausstellung, mit der Waller ihren Aufenthalt in der

Häkelanleitung

Karotte

Die Karotte wird rund gehäkelt. Hierzu 2 Luftmaschen anschlagen und 7 Mal mit festen Maschen in die erste Masche einstechen.
In der 2. Reihe in jede Masche doppelt einstechen.
In der 3. Reihe in jede zweite Masche doppelt einstechen.
In der 4. Reihe in jede dritte Masche doppelt einstechen.

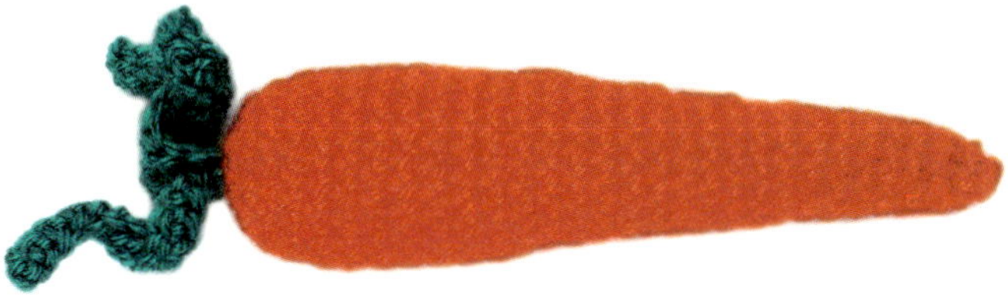

Die nächsten 6 Reihen gerade hoch häkeln.
In den weiteren Reihen je eine Masche abnehmen.
Wenn noch 8 Maschen übrig sind, jede zweite Masche abnehmen.
Die letzten drei Maschen zusammennehmen, Faden abschneiden und vernähen.

Cité Internationale des Arts, Paris, resümieren wollte, befasste sie sich auch mit dem Ritual der Vernissage. Sie nahm an, dass – wie so oft – Sekt, Snacks und Smalltalk die Aufmerksamkeit des Publikums absorbieren und die Kunst in den Hintergrund treten lassen würden: eine hübsche Nebensache. Also machte sie es wie Zeuxis. Der griechische Maler, der etwa von 435 bis 390 v. Chr. in Athen tätig war, wurde besonders wegen seiner illusionistischen Fähigkeiten geschätzt. Einmal, so wird berichtet, habe er Weintrauben gemalt, die so täuschend echt aussahen, dass Vögel nach ihnen pickten. Waller nahm statt Pigment und Bindemittel Wolle, griff statt zum Pinsel zur Häkelnadel und rüstete sich für die Schlacht am kalten Büffet. Sie stellte jede Menge Häppchen her, garnierte sie mit Oliven, Gürkchen, Trüffeln oder – siehe Zeuxis – mit Trauben, richtete alles fachgerecht auf großen Platten an und servierte das opulente Arrangement zur Ausstellungseröffnung. Es kam, wie es kommen musste. Die Gäste

steuerten die reich gedeckte Tafel an. Womöglich lief ihnen schon das Wasser im Munde zusammen, und dann: Kunst, nichts als Kunst.

Spontan würde man sagen: Da hat sich jemand einen Scherz erlaubt, hat mit den Galeriebesuchern Schabernack getrieben. Tatsächlich hat Patricia Waller mit ihrem Pariser Arrangement nur die Verhältnisse zurechtgerückt. Sie spielte verkehrte Welt, um die Wahrnehmung des Publikums wieder auf das zu lenken, dessentwegen es eigentlich gekommen war. Das Beispiel kennzeichnet die Methode und die generelle Zielsetzung der Künstlerin. Waller ist Bildhauerin, aber sie meißelt keine Formen oder Figuren aus Steinblöcken heraus, modelliert nicht in Wachs oder Ton, gießt weder Gips noch Beton: Sie fertigt Hüllen. Dabei wendet sie zwei unterschiedliche Verfahren an. Das eine besteht darin, vorhandene Objekte zu ummanteln. So hat sie etwa ein Kinderfahrrad, das Teil einer Installation werden sollte, minutiös mit Silbergarn, sowie mit roter, schwarzer und weißer Wolle umhäkelt. Sie hat also das Erscheinungsbild des Gefährts wiederholt. Sie hat es verdoppelt, hat seine Bedeutung verstärkt oder zumindest bewahrt, sodass nun das Fahrrad von seiner eigenen Sicherheitskopie umgeben ist. Dieser Schutz allerdings wirkt absurd. Denn obwohl doch alles wolleweich ist, hat es hier offensichtlich einen Unfall mit einem Verletzten gegeben: Neben dem Rad liegt eine Figur, auch sie komplett umhäkelt. Sie stellt einen Jungen dar, der gestürzt ist. Unter dem Kopf: ein amöbenartig geformtes rotes Deckchen. Es gehört zur ironisch-hintersinnigen Vieldeutigkeit der Arbeiten Wallers, dass dieses Deckchen durchaus als Topflappen zu verwenden wäre. Gemeint ist aber Blut, eine Blutlache. So erklären sich auch die silberfarbene Stickerei um die Augen. Sie deuten die Tränen des verunglückten Kindes an.

Waller hat für sie das gleiche Material verwendet wie bei den Speichen, Naben oder Pedalen des Fahrrads. Das entspricht der Logik ihrer Arbeit. Ob Felge, Feuerlöscher oder Fertig-Ravioli: Patricia Waller macht bei der ästhetischen Anverwandlung von Realität keine Unterschiede. Sämtliche Objekte werden mit der gleichen textilen Struktur überzogen. Wäre diese glatt und geschmeidig, könnte man sie als zweite Haut oder als Film bezeichnen, der die Gegenstände überzieht. Tatsächlich aber bilden die gehäkelten Gewebe eine eigene Wirklichkeit, wobei eine Szene wie die mit dem verunglückten Jungen deutlich macht, dass es sich um

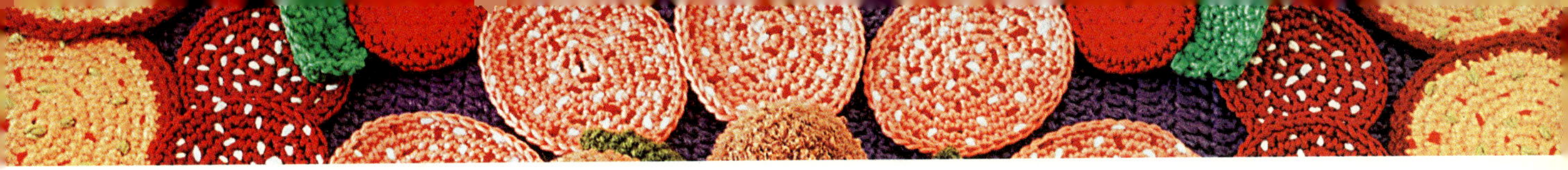

die künstlich-künstlerische Wirklichkeit der Fiktion handelt. Insofern bestünde eine Analogie zum Spielfilm. Aber die Filme im Kino oder auf dem Bildschirm sind Lichtphänomene, die verschwinden, sobald der Strom abgeschaltet wird. Bei einem Teil der Arbeiten von Patricia Waller befindet sich jedoch hinter dem artifiziellen Äußeren ein realer Kern. Die Innenwelt ihrer Objekte ist die Außenwelt: Hinter dem sachgerecht und präzise gehäkelten Rad aus Garn verbirgt sich ein gebrauchsfertiges, ›echtes‹ Fahrrad aus Metall, Gummi und Kunststoff.

Waller präsentiert die Wirklichkeit im Schafspelz. Daraus folgt noch nicht, dass Hülle und Kern notwendig gleichzusetzen wären – sonst müsste im Innern des wollenen Unglücksknaben ein kleiner Mensch stecken; stattdessen findet sich nur eine alte Puppe. Bei dem zweiten Verfahren, das die Karlsruher Künstlerin anwendet, fehlt ohnehin das Original, auf das sich die Ummantelung beziehen könnte. Vielmehr stopft sie die gehäkelten Formen (die Hähnchen und Hummer, Roboter oder Raumschiffe) mit neutralem Füllmaterial aus. In beiden Fällen – ob mit realem Kern oder ohne – ist das Erkenntnisziel das gleiche. Patricia Waller unterzieht das Verhältnis zwischen der Realität und ihrer tagtäglich-gängigen Auslegungen einer kritischen Betrachtung. Sie befragt die kulturellen Standards und die semantischen Übereinkünfte, nach denen Dinge bezeichnet, kategorisiert, bewertet werden. Waller umhüllt die Dinge, um ihnen auf den Grund zu gehen, um das freizulegen, was im gewöhnlichen Umgang mit Bildern und Begriffen meist neben raus fällt und nicht wahrgenommen wird, weil man nichts Besonderes mehr daran findet, dass ein Stück Wurst ein Stück Wurst oder eine Steckdose eine Steckdose ist. An dieser vermeintlichen Übereinstimmung von Zeichen und Bezeichnetem setzt Waller die Häkelnadel an, verwandelt und verbandelt Wirklichkeit und Kunst, bis ihre vergessenen, verschütteten und unerlösten Bedeutungen an die Oberfläche kommen.

Das alles geht nicht ohne eine gehörige Portion Ironie ab. Sie dient als Transmitter, denn sie ist eine unverfängliche Mitteilungsform, die es leicht macht, auch das Schwierige, Ernste, Unnahbare in Frage zu stellen und auf seine Bedeutung hin zu überprüfen. Sogar die eigene Zunft nimmt Waller ins Visier: Den Hasen, den Joseph Beuys aus der Replik einer Zarenkrone goss, hat sie ebenso nachgehäkelt wie ein Bein von Robert Gober, eine Figurine von Stephan Balkenhol oder den »Rabbit« von Jeff

Koons – ein Stück, bei dem sie die Mimesis auf die Spitze treibt, denn schon Koons hat das Originalobjekt in seinem Sinne umgewandelt: 1986 ließ er einen aufblasbaren Plastikosterhasen – damals der letzte Schrei – in hochglanzpoliertem Edelstahl nachbilden, Waller hat das knallharte Neo-Pop-Obkjekt mit Häkelgarn aus Lurex wieder in eine Soft-Version überführt.

Mit diesen Arbeiten setzt sich Patricia Waller nicht zuletzt mit ihrer Rolle als Künstlerin auseinander. Sie greift den Umstand auf, dass manche Kunstwerke fast Kultstatus erlangen und rasch, kaum haben sie das Atelier verlassen, kanonisiert werden. Sie verweist auf die inhaltlichen Verkürzungen und Klischees, die an die Stellung des Künstlers in der Gesellschaft und an seine Produkte geknüpft werden. Und sie bestimmt ihre Position in Bezug auf die Kunst und hinsichtlich der Stellung, der Intentionen und der Ausdrucksformen von Frauen in der Kunst. Waller hat das Häkeln als künstlerisches Medium gewählt, weil ihr dadurch materieller Aufwand erspart und größere Unabhängigkeit erhalten blieben: Häkeln kann man auch im Flugzeug oder in der Bahn. Mit diesem Schritt traf sie bereits eine grundsätzliche Aussage, nämlich: Ob etwas Kunst ist oder nicht, entscheidet sich weder an der Menge oder Kostbarkeit des Materials, noch am technischen Input. Zugleich stellt Waller über das Häkeln ein Thema zur Debatte, das im Rahmen der sogenannten »Gender Studies« zu sehen ist. Sie widmen sich den Kulturpraktiken, Handlungsfeldern, sozialen Zuordnungen, wirtschaftlichen Bedingungen oder ideologischen Patterns, die aus den Unterschieden und Gemeinsamkeiten zwischen den Geschlechtern resultieren oder auf ihnen aufbauen. Bezogen auf den Umgang mit Wolle und Nadel geht es da um Rollenzuweisungen und um die Frage nach der künstlerischen Freiheit: Muss ›frau‹ als Bildhauerin befürchten, in die Handarbeitsecke gedrängt zu werden, wenn sie sich für eine angeblich typisch weibliche Tätigkeit entscheidet? Und wie sieht es aus, wenn sich dabei – wieder ›typisch Frau‹ – in der Küche umtut und sich ausgerechnet von Käseschnittchen oder Champignonragout inspirieren lässt? Patricia Waller hat diese Einwände in ihre Arbeit miteinbezogen, indem sie sich bewusst über sie hinwegsetzt. Immer neu, immer mit Witz, Ausdauer und analytischem Verstand befasst sie sich mit der Welt, umgarnt sie und nähert sich häkelnd den Punkten, an denen es hakt.

Michael Hübl,
Kunstkritiker in Karlsruhe

Es ist angerichtet

Wenn die Augen größer sind als der Hunger

Man zeigt, was man hat

Die Tische sollen sich biegen, dem Gast sollen die Augen übergehen: Was würde sich dazu besser eignen als ein prächtiges Buffet? Noch dazu, wo es so praktisch ist. Schließlich erlaubt es den Gastgebern, möglichst viele Leute zu verwöhnen, ohne selber ständig hin- und herrennen zu müssen. Auftragen, abtragen, nachreichen, zwischendurch Garzeiten überprüfen – das macht viel Arbeit. Ein kaltes Buffet ist zwar kaum weniger aufwändig, aber davon spürt der Gast wenig. Wenn er eintrifft, hat die Hausfrau die meiste Arbeit schon hinter sich.

Belohnt wird sie für ihre Mühen, wenn ihr kunstvoll arrangiertes Meisterwerk gebührend bewundert wird. Das wird es umso mehr, je vielfältiger die dargebotenen Speisen sind. Und je kostbarer sie wirken: Waren es in den 50er und 60er Jahren noch Käseigel, Mayonnaiseeier und Wurstschnittchen, mit denen man die Gäste beeindrucken konnte, so musste man den Yuppies der 80er schon mit Hummer, Kaviar und Lachscanapés kommen.

Die Zeiten ändern sich, die Faszination des Buffets bleibt. Der Phantasie sind dabei keine Grenzen gesetzt. Mundgerechte Happen lassen sich für jeden Anlass (er)finden und erfreuen sich in allen Bevölkerungsschichten größter Beliebtheit – Cocktailwürstchen bei Studentenfeten, Wantan-Variationen bei After-Work-Partys, Wraps bei Teenager-Treffen oder Fingerfood vom Sternekoch in der VIP-Lounge.

Das große Buffet mit warmen Speisen, hinter dem Köche stehen und Braten tranchieren, sieht man bei gesellschaftlichen Veranstaltungen immer seltener. Aber mal ganz ehrlich: Geben Sie sich nicht auch gern dem kindlichen Vergnügen hin, mit den Fingern zu essen? Macht ja auch nichts. Häppchen sind schließlich erst zum pseudo-zivilisierten Festschmaus der Hamburger-Generation avanciert, seit es sie auch in raffinierten, frischen, kalorienarmen und internationalen Varianten gibt, die dem Vergleich mit ›richtigem‹ Essen durchaus standhalten.

Auf den folgenden Seiten können Sie sich an einem Buffet delektieren, wie Sie es wohl noch bei keinem Fest gesehen haben. Es ist aus Wolle – und in seiner kulinarischen Aussage ähnlich beleumundet wie das Häkeln. Nämlich spießig. Erst in der ironischen Kombination von Sujet und Handarbeit wird daraus Kunst. Und weil man die leider nicht essen kann (obwohl es bei Ausstellungen mit Patricia Wallers Arbeiten gelegentlich zu Missverständnissen kommt), finden Sie dazu Rezepte zu herzhaften Kleinigkeiten, außerdem einige Anregungen für ausgefallene Dips und Saucen*. Garniert ist das Ganze mit kurzen Texten, die sich auf ähnlich ironische Weise mit Essen beschäftigen wie die Häkelarbeiten – und mit denen Sie sich eventuelle Wartezeiten bei der Zubereitung der Speisen vergnüglicher gestalten können.

* Die unvermeidlichen Salate (Mozzarella-Tomate, Nudelsalat, Obstsalat etc.) können Sie ja all den wohlmeinenden Gästen aufs Auge drücken, die unbedingt etwas mitbringen wollen ...

Den ganzen Tag nur ackern, schuften –
wie gern würd' ich von hier verduften.
Doch Herbert hat heut' abend Gäste,
und wie's halt ist bei einem Feste,
woll'n wir 'nen guten Eindruck machen –
bei uns gibt's keine halben Sachen.

Klagelied der tüchtigen Hausfrau

Schon gestern hab' ich losgelegt,
geschält, geschmort und eingelegt,
gehackt, frittiert und mariniert,
und alles wunderbar garniert,
mit Folie alles abgedeckt,
erneut die Liste abgecheckt:

Ist alles da, was könnt' noch fehlen?
Hab' Krabben ich, und auch Garnelen?
Kirschtomaten, Mayonnaise,
und alle Sorten Schimmelkäse,
Zitronenscheiben, Brot und Eier?
Ich denk' es reicht wohl für die Feier.

Nur Kapern sollt' ich noch besorgen
und Platten bei Frau Meier borgen.
Womöglich muss ich sie polier'n,
danach erst kann ich mich frisier'n.
Denn Herbert sieht mich gern adrett,
und auch ich selber find' es nett.

Der Gast lässt sich ja nur verführen,
wenn mir vom Stress nichts anzuspüren.
Ist Make-up auf den roten Flecken,
kann ich den Tisch dann endlich decken.
Servietten braucht's und kleine Teller,
den Campingtisch noch aus dem Keller.

Die Kerzen drauf und's feine Linnen –
allmählich wird es schön hier drinnen.
Was werden uns're Gäste staunen,
sich leise großes Lob zuraunen:
»Vielleicht sind sie nur arme Leute,
doch feiern Königs fürstlich heute.«

Freudig erregt und abgekämpft,
wird meine Stimmung nur gedämpft,
von dem Gedanken an das Morgen:
Dann muss den Abwasch ich besorgen,
muss putzen, wischen, Möbel rücken,
Vitrinen mit Geschirr bestücken.

Mein Herbert ist da keine Stütze,
der Mann ist eh zu nicht viel nütze.
Vom Schaffen kommt er nie ins Schwitzen,
steht nur im Weg, will Wurst stibitzen,
klaut Reste, zerrt die Folie weg,
und macht im Grunde nichts als Dreck.

Ich geb's ja zu, ich bin ein Pingel,
Herrje, da geht ja schon die Klingel!
Das können nur die Schröders sein,
»Hallo, Ihr Lieben, tretet ein!
Hereinspaziert, los, los, avanti –
Ach das ist nett, Ihr bringt 'nen Chianti!«

Das Preisschild klebt noch dran: zwei dreißig –
Als Schnäppchenjäger sind sie fleißig.
Und das Geschenk von Ruth und Gunther,
macht mich jetzt auch nicht wieder munter.
Keramikkatzen hab' ich nämlich,
noch mehr davon und ich werd' dämlich.

Mit Erika kommt's noch viel ärmer:
Sie schenkt uns wirklich Eierwärmer.
Vor Wut beginnt mein Kopf zu glühen.
Wen int'ressiern schon meine Mühen?
Die Hausfrau wird bedacht mit Hohn –
Ach, Undank ist der Welten Lohn!

Fortsetzungsroman

Der Vorhang fiel, tosender Applaus brandete auf. »Endlich«, dachte Hans-Peter Kraweel. Der distinguierte Herr hatte bei der Matinée in der ersten Reihe gesessen und zwei Stunden lang Hingerissenheit geheuchelt. In Wahrheit waren seine Gedanken die ganze Zeit nur bei dem anschließenden Empfang gewesen. Feine Häppchen würden dort gereicht werden, livrierte Kellner würden dazu Champagner anbieten, am Buffet gar könnte man den Köchen beim Tranchieren erlesener Braten und beim Filettieren zarter Fische zusehen. Herrn Kraweel lief das Wasser im Mund zusammen. Er verließ gemäßigten Schrittes den Konzertsaal, begann aber schneller zu gehen, sobald er das Gebäude verlassen hatte und ihn keiner mehr beobachten konnte. Nur nicht zu spät kommen, ging es ihm durch den Kopf, nachher hat womöglich die olle Koslowsky die besten Leckereien schon weggefuttert. Oder der sauertöpfische Scholz, der zwar klapperdürr war, aber trotzdem immer unglaubliche Mengen verdrücken konnte – wenn sie ihn nichts kosteten.

Das Haar in der Suppe

▶▶ Folge 1

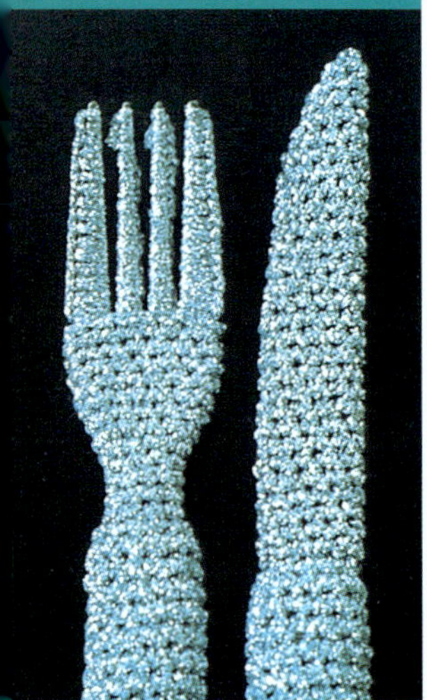

Schon von weitem sah Herr Kraweel, dass an der Windschutzscheibe seines Wagens ein Strafzettel hing. »Auch das noch!«, ärgerte er sich. Doch er verdrängte seinen Unmut, verließ elegant die enge Parklücke und fuhr dann zügig zu dem herrschaftlichen Anwesen derer von Zappel, wo der Empfang stattfand. Die Reifen knirschten auf dem weißen Kies der Auffahrt und ein wohliger Schauer überkam Herrn Kraweel angesichts dieser Pracht und Weltläufigkeit. »Du hast es geschafft, Junge«, sagte er sich, »du hast es wirklich geschafft, in den allerbesten Kreisen der Gesellschaft Fuß zu fassen! Ha, da soll noch mal einer sagen, Söhne von Schuhverkäufern könnten es zu nichts bringen!«

(Fortsetzung folgt)

Aus Styropor eine Kartoffelhälfte mit einem Durchmesser von etwa 5 cm und einer Länge von 4 cm schnitzen. Die Kartoffel wird aus festen Maschen rund gehäkelt.

Kartoffel

Aus gelber Wolle 2 Luftmaschen anschlagen und 7 Mal in die erste Masche einstechen.
In der 1. Reihe in jede Masche 2 Mal einstechen.
In der 2. Reihe in jede zweite Masche 2 Mal einstechen.
In der 3. Reihe in jede vierte Masche 2 Mal einstechen.
In der 4. Reihe in jede sechste Masche 2 Mal einstechen.
Nun 6 Reihen gerade häkeln, bis die Kartoffelhälfte aus Styropor bedeckt ist.

Für den Anschnitt der Kartoffel wieder 2 Luftmaschen anschlagen und 7 Mal in die erste Masche einstechen.
In der 1. Reihe in jede Masche 2 Mal einstechen.
In der 2. Reihe in jede zweite Masche 2 Mal einstechen.
In der 3. Reihe in jede dritte Masche 2 Mal einstechen.
In der 4. Reihe in jede vierte Masche 2 Mal einstechen.
Die Kreisform an die Kartoffel nähen.

Sour Cream mit Speckwürfeln

Zutaten:

- 500 g Kräuterquark
- 200 g Sauerrahm
- 2 EL Meerettich
- 1/2 Bund Schnittlauch
- 1 große Zwiebel
- 150 g durchwachsenen Speck
- 1 TL körnige Gemüsebouillon
- Pfeffer

Quark, Sauerrahm, Meerettich und gehackten Schnittlauch verrühren.

Zwiebel und Speck fein würfeln, in einem beschichteten Pfännchen kross braten, Bouillon dazu geben und mit einem Schuss Wasser ablöschen.

Alles miteinander verrühren, nach Bedarf mit Pfeffer abschmecken.

Tomatenketchup

Zutaten (für 1 Liter):

- 1 Schalotte
- 1 Knoblauchzehe
- 1,5 kg Tomaten
- 250 ml Essig
- 1 Lorbeerblatt
- 1 EL Salz
- 1 EL Zucker
- je 1/2 TL Ingwerpulver, gemahlener Piment, Pfefferkörner

Schalotte und Knoblauch schälen und fein hacken.

Tomaten häuten, würfeln und mit Knoblauch und Schalotte in einem Topf etwa 5 Minuten lang köcheln.

Restliche Zutaten dazugeben, weitere 10 Minuten auf kleiner Flamme köcheln lassen, bis die Masse eine sämige Konsistenz hat. Pürieren und noch heiß in eine Flasche füllen.

Fruchtiger Curry-Kokos-Dip

Joghurt mit Kokosraspeln und Currypulver vermischen.
Den hellen Teil der Lauchzwiebeln in feine Ringe schneiden und in Öl glasig dünsten.
Ananas und Mango fein würfeln, zusammen mit den Lauchzwiebeln in die Joghurt-Kokos-Masse geben. Nach Belieben mit Salz und anderen Gewürzen abschmecken.

Zutaten:

- 500 ml Joghurt
- 75 g Kokosraspeln
- 4 TL Currypulver
- 4 Lauchzwiebeln
- 2 TL Öl
- 1 Scheibe Ananas
- 1/2 Mango
- Salz, Pfeffer, Ingwerpulver, Zitronengras

Zwiebeldip

Zutaten:

- 1 Beutel Instant-Zwiebelsuppe
- 500 g Joghurt
- 4 Schmelzkäseecken

Alles miteinander vermischen, im Kühlschrank etwa 1/2 Stunde durchziehen lassen. Fertig!

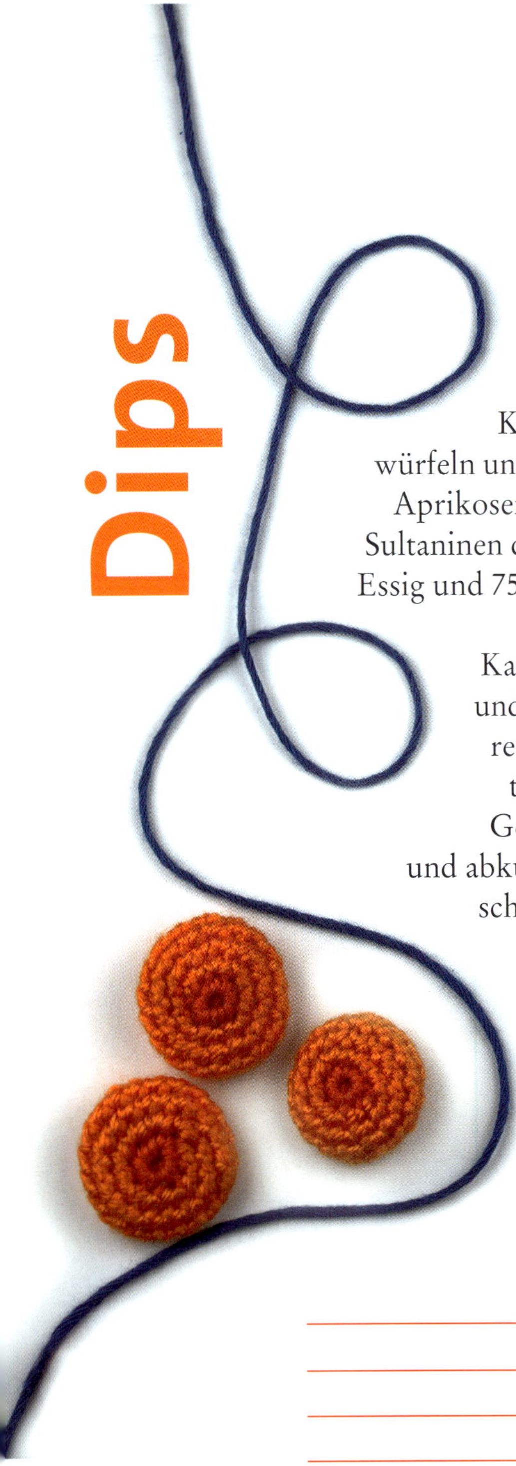

Aprikosen-Chutney

Schalotten und Knoblauch schälen, fein würfeln und in Öl glasig dünsten. Aprikosen würfeln und mit den Sultaninen dazu geben. Sofort mit Essig und 75 ml Wasser ablöschen. Das Gelee und den Kandiszucker dazugeben und zugedeckt bei mittlerer Hitze etwa 10 Minuten köcheln lassen. Mit Gewürzen abschmecken und abkühlen lassen. Im Kühlschrank aufbewahren, bis das Chutney fester geworden ist.

Zutaten (für 4–6 Portionen):

- 100 g Schalotten
- 1 Knoblauchzehe
- 2 EL Öl
- 150 g getrocknete Aprikosen
- 50 g Sultaninen
- 5 EL Weißweinessig
- 200 g Aprikosengelee
- 100 g zerstoßener brauner Kandiszucker
- Salz, weißer Pfeffer
- 1 TL gehacktes Koriandergrün
- 1 TL Cayennepfeffer

Rouille provençale

Zutaten:

- 3 Knoblauchzehen
- 2 rote Chili-Schoten
- 2 Eigelb
- 2 EL Olivenöl
- ca. 6 EL Fischbrühe

Knoblauch und Chili in einem Mörser fein zerreiben. Die Masse in eine Rührschüssel geben. Eigelb hinzufügen, nach und nach das Olivenöl unterrühren und so viel Fischbrühe hinzufügen, bis eine cremige Sauce entsteht.

Ziegenkäse-Dip mit Gurken

Zutaten:

- 200 g Ziegenfrischkäse
- 2 EL Dickmilch
- 100 g Salatgurke
- 1 Schalotte
- 1 Knoblauchzehe
- Salz, Pfeffer

Käse und Dickmilch verrühren. Salatgurke fein raspeln, Schalotte und Knoblauch fein hacken. Alles unter die Käsecreme heben und mit Salz und Pfeffer abschmecken.

Liebes-
hummer

Es war einmal ein stolzer Hummer,
den plagte ein gar schwerer Kummer:
Verliebt war er, doch seine Liebste,
saß in der Falle (wo sie piepste).
Ihr Wehgeschrei war ihm ein Graus,
drum zog er sie zu retten aus:
auch er ließ sich vom Fischer fangen,
so grenzenlos war sein Verlangen.

Erst später schoss ihm durch den Kopf:
Was bin ich für ein dummer Tropf?!
Jetzt liege ich hier auf dem Kutter,
bin ganz allein und fern von Mutter,
riskier' mein Leben für Missionen,
die sich wahrscheinlich gar nicht lohnen.
Ich frage mich: kann dieses Fräulein
mir auf Distanz denn wirklich treu sein?

Nach abenteuerlicher Reise,
geschah's auf wundersame Weise,
dass sie sich glücklich wiedertrafen,
in einem Bottich gleich am Hafen.
Von nun an sei, so fanden beide,
des einen auch des andern Leide.
Nichts wird uns in Zukunft trennen,
denn uns're Glut soll ewig brennen.

Schon fluchten laut am Markt die Weiber:
Wer trennt bloß diese Hummerleiber?
Nichts hat man als Scherereien.
Immer diese Liebeleien!
Und der Hummern Zwicken, Kneifen,
bracht' die Frau'n erst recht zum Keifen.
Doch mit Gewalt, ihr werdet sehen,
entzwei'n wir euch, ihr Krustazeen!

Zum Glück kam da ein Herr des Wegs,
der statt der vorgeseh'nen Steaks
zwei Hummern wollt, weil: »Ich ess eh
kein Fleisch mehr, wegen BSE.«
Erst in der Küche merkte er,
die Zubereitung ist recht schwer,
dies Paar passt in den Topf nicht ganz,
heraus guckt immer noch der Schwanz.

Wie soll man sie denn bloß verzehren,
wenn sie sich immerzu begehren?
Doch während sich der Koch noch quälte,
zwischenzeitlich Eier schälte,
Salat wusch und Gemüse schnitt,
und seelisch mit den Tieren litt,
da lockert sich der Hummern Griff.
Sie ließ ihn los – und er begriff …

Sinnlos auf Treue noch zu pochen,
die alten Schwüre aufzukochen.
Denn größer noch als ihre Triebe,
war beider große Trüffel-Liebe.
Gleich beide hatt' es schwer erwischt,
als sie erfuhr'n, was aufgetischt:
Russisch Hummer, jauchz juchhee,
da tut nicht mal der Tod uns weh!

Hummer auf russische Art

Zutaten für 4 Personen:

- 2 gekochte Hummer à ca. 500 g
- 500 g feiner Gemüsesalat
- 1 Kopfsalat
- 4 hartgekochte Eier
- 1 kleine Trüffel
- ca. 250 g Mayonnaise

Die Hummer der Länge nach teilen. Aus dem oberen Teil der Hälften das weiche Innere entfernen und unter den Gemüsesalat mischen. Die Hälften auf Kopfsalatblättern anrichten, den ausgehöhlten Teil mit dem Gemüsesalat füllen. Trüffel in Scheiben schneiden. Eier in Scheiben schneiden und zusammen mit Trüffel auf dem Teller anrichten, Mayonnaise separat servieren. Die Hummerscheren können ausgebrochen und neben die Körper gelegt oder gewürfelt unter den Gemüsesalat gemischt werden.

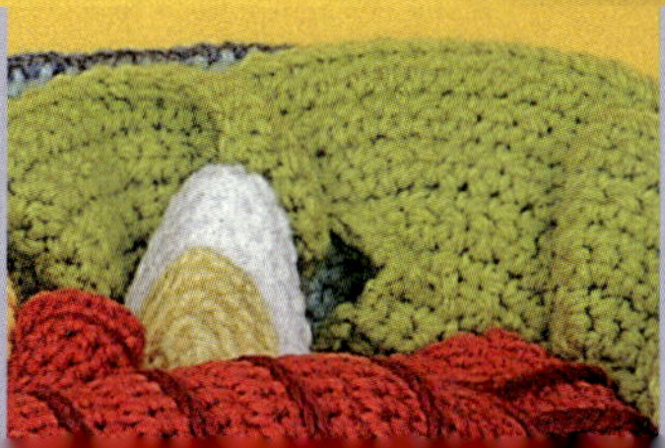

A. Begriffsbestimmungen

1. Tiefgefrorene Fische sind Fische und Fischteile im Sinne von Abschnitt I A Nr. 1, 2 und 7 der Leitsätze für Fische, Krebs- und Weichtiere und Erzeugnisse daraus, die tiefgefroren sind, entsprechendes gilt auch für tiefgefrorene Krebs- und Weichtiere im Sinne der Abschnitte III Nr. 1a), 1c), 1d) und IV A Nr. 1, 3, 4 und 5. Tiefgefrorene Fische, Krebs- und Weichtiere oder Teile davon können zusätzlich auch mit Wassereis glasiert sein.

...

D. Beschaffenheitsmerkmale

1. Gewichte

...

c) Bei Fisch-, Krebs- und Weichtiererzeugnissen in Backteig bestimmen der Erzeugnistyp und die Art des Backteiges die Gewichtsverhältnisse. Das Gewicht des eingewogenen Fleisches beträgt mindestens 50 Prozent der Nennfüllmenge, bei Garnelenschwänzen unter 25 mm Länge und Tintenfischringen unter 40 mm Durchmesser sowie vergleichbar unregelmäßig geformten kleinmaßigen Erzeugnissen jedoch mindestens 40 Prozent.

d) Bei Fischerzeugnissen mit aus Blöcken geschnittenen Fischfiletportionen gemäß Abschnitt B Nr. 1 b) Doppelbuchstaben aa) bis dd) mit Beigaben anderer Lebensmittel gemäß Abschnitt B Nr. 2 a) (z.B. Kochfisch in Soßen, Schlemmerfilets, panierte Fischfiletportionen mit Einlagen) bestimmen der Erzeugnistyp, die Größe der Portion und die Art der Beigaben den Anteil der eingewogenen Fischportionen. Er beträgt jedoch, bezogen auf die Nennfüllmenge, mindestens 50 Prozent.

...

2. Allgemeine Beschaffenheit

...

b) »Praktisch grätenfrei« sind Fischfilets, Teile von Fischfilets oder Fischstäbchen, die höchstens 2 Gräten (Fehlergräten) je kg Filet enthalten.
Als Fehlergräten zählen alle Gräten und Grätenteile länger als 10 mm und über 1 mm Durchmesser, die knorpelige Grätenbasis bleibt bis zu einem Durchmesser von 2 mm oder, sofern sie sich mechanisch leicht abstreifen lässt, unberücksichtigt.

...

(aus: **Leitsätze für tiefgefrorene Fische, Krebs- und Weichtiere und Erzeugnisse daraus** vom 19.10.1993 (BAnz. Nr. 91 S. 5125 vom 17.5.1994, GMBl. Nr. 18 S. 491 vom 22.6.1994), Berichtigung vom 10.6.1994 (BAnz. Nr. 114 S. 6494 vom 22.6.1994) bzw. vom 2.8.1994 (GMBl. Nr. 29 S. 877 vom 25.8.1994)

Aus 3 cm dickem Styropor ein Dreieck von 5,5 cm Länge und 5 cm Breite ausschneiden. Das Dreieck hinten leicht abrunden.

Aus weißer Wolle 2 Luftmaschen anschlagen und 2 Mal in die erste Masche einstechen.

Camembert-Ecke

In der 2. Reihe in die zweite Masche 2 Mal einstechen.
In den folgenden Reihen immer in die letzte Masche 2 Mal einstechen, bis Reihe 11.
6 Reihen gerade häkeln.
Ab Reihe 20 je eine Masche abnehmen, bis das »Käseeck« bedeckt ist.
Aus hellgelber Wolle 8 Maschen anschlagen. 32 Reihen gerade häkeln.

Beide Teile mit Stecknadeln auf dem Styropordreieck feststecken und zusammennähen.

Pizza-Grundteig

Zutaten (für ein Backblech oder 15 Mini-Pizzas):

400 g Weizenmehl
1 TL Salz
30 g frische Hefe
1 TL Zucker
3 EL lauwarme Milch
6 EL Olivenöl
lauwarmes Wasser

Das Mehl mit dem Salz in eine große Rührschüssel sieben. In die Mitte eine Mulde drücken, die Hefe hineinbröckeln, Zucker darüber streuen und lauwarme Milch dazugeben. Die Zutaten mit etwas Mehl vom Rand der Mulde verrühren, bis die Masse eine dickflüssige Konsistenz hat. Schüssel mit einem feuchten Tuch abdecken und etwa 15 Minuten lang an einen warmen Platz stellen.
Den Vorteig mit dem restlichen Mehl und dem Olivenöl verkneten und Wasser dazugeben, bis der Teig geschmeidig wird. Etwa 10 Minuten lang kneten. Die Teigkugel in eine bemehlte Schüssel legen, mit einem feuchten Tuch bedecken und etwa eine Stunde gehen lassen, bis sich ihr Umfang verdoppelt hat.

Zubereitung der Pizza:
Den Teig auf einer mehlbestäubten Fläche zu einem großen Rechteck ausrollen, dann auf ein geöltes Backblech verlagern und an den Rändern etwas hochdrücken. Mit Tomatenpüree bestreichen, nach Belieben belegen und im Backofen bei 225 °C etwa eine halbe Stunde lang backen.
Für ein Party-Buffet eignen sich gut Mini-Pizzas. Mit einem dünnwandigen Glas sticht man aus dem ausgerollten Teig kleine Kreise aus, die genauso weiterverarbeitet werden wie oben beschrieben.

Die Häkelliesel

Es war einmal ein Mädchen, das hieß Liesel. Es hatte sieben Brüder, die alle viel größer und stärker als das Mädel waren. Immer trieben sie ihren Schabernack mit Liesel, und bei Tisch aßen sie ihr alles weg. »Vater, Mutter, ich habe Hunger! Doch meine Brüder lassen mir nicht ein Blatt Kohl über«, beklagte sich das Mädchen bei seinen Eltern. Aber die antworteten ihm: »Wenn du alt genug bist, um wie deine Brüder auf den Feldern zu arbeiten, dann sollst du auch genug zu essen haben.« Liesel wurde dünner und dünner. Mit hohlen Wangen und klapprigen Armen saß sie am Tisch, doch weder Vater noch Stiefmutter noch die Brüder wollten ihr etwas von dem wenigen Essen abgeben.

»Knochenliesel, Knochenliesel!«, hänselten die Brüder sie. Liesel, die sich schon immer im Haus nützlich gemacht hatte, arbeitete nun noch mehr. »Wenn ich alle Erbsen sortiert habe, wenn ich alle Laken weiß gewaschen, alle Räume gescheuert und alle Töpfe blitzeblank geputzt habe, dann habe ich gewisslich ein Anrecht auf eine Kartoffel«, dachte sie bei sich. Also fegte, schrubbte, wusch und polierte Liesel vom Morgengrauen bis tief in die Nacht. Immer dünner wurde sie dabei, denn zu essen gab man ihr immer noch nichts.

Als Liesels Wams nur noch so schlotterte, beschloss sie, ihn aufzutrennen und aus der Wolle etwas Passenderes zu häkeln. Niemandem sagte sie etwas davon, denn Liesel hatte Angst, dass ihr eine schreckliche Strafe drohte. Tagsüber, als sie ganz allein zu Hause war, löste sie den Wams auf. Die Wolle wickelte sie zu einem großen Knäuel. Und während sie das Knäuel so anschaute und überlegte, was sich daraus häkeln ließe, wurde ihr schwindelig. Liesel taumelte und fiel zu Boden. Im Traum erschienen ihr die herrlichsten Speisen vor Augen: Pfannkuchen mit Bergen von Zucker, geröstete Spanferkel, gebratene Hähnchen, kräftige Fleischsuppen, dampfendes

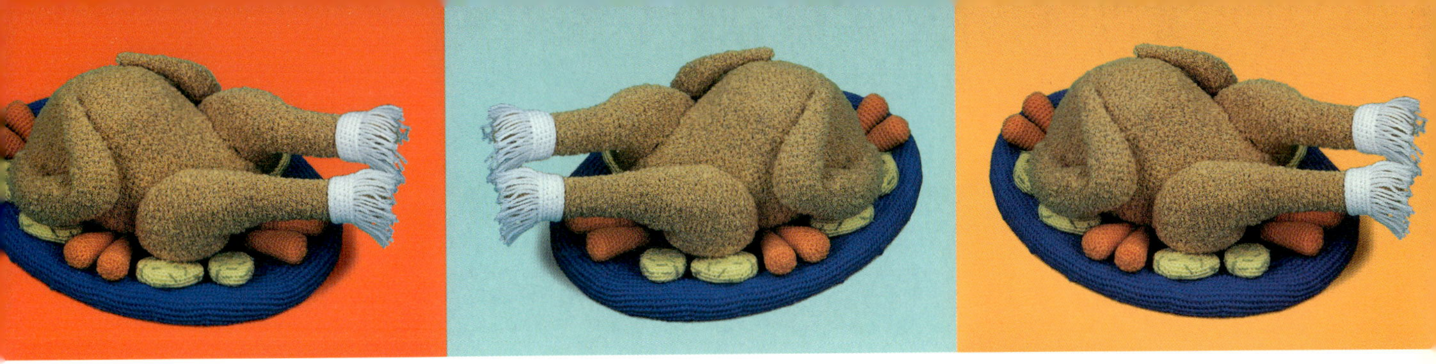

Buttergemüse, dicke Schinkenschwarten, würzige Honigkuchen... ach, es war einfach zu schön, um wahr zu sein! Als Liesel wieder erwachte, war sie noch immer allein zu Haus. Die Sonne stand noch hoch am Himmel, also konnte nicht allzu viel Zeit vergangen sein. »Was für ein Glück«, dachte sie, »denn jetzt weiß ich, was ich häkeln werde.«
Als am Abend ihre Familie heim kam, saß Liesel bereits am gedeckten Tisch. Auf dem lagen ein dicker Laib Brot, ein fetter Käse und so viele Würste, dass die abgenutzte Tischplatte kaum zu sehen war. »Sapperlot!«, rief der Vater aus. »Potzblitz!«, staunte die Stiefmutter. »Greift nur tüchtig zu«, sagte Liesel, »all die feinen Speisen hat uns heute eine gute Fee gebracht, die Erbarmen mit uns hungrigen Leuten hatte.« Das ließen sich die gierigen Brüder nicht zwei Mal sagen: Mit großer Hast und wildem Blick schlangen sie die Würste in sich hinein. Die Stiefmutter biss herzhaft in das Brot, der Vater griff sich den Käse. Plötzlich begannen alle, den Mund zu verziehen. Dem ältesten Bruder tränten die Augen, dem zweiten kratzte es im Hals, der dritte hustete, der vierte röchelte, der fünfte spuckte, der sechste würgte, der siebte hechelte. Die Stiefmutter war sofort tot, weil sie an dem großen Brot, das Liesel aus der Wolle ihres Wamses gehäkelt hatte, erstickte. Nur dem Vater ging es gut: Er hatte rechtzeitig erkannt, dass der Käse nicht essbar war.
»Du nichtsnutziges Mädchen, du unwürdige Kröte!«, schimpften die Brüder, als sie sich von dem Schrecken erholt hatte.
»Still!«, herrschte der Vater sie an. »Liesel hat uns allen eine Lehre erteilt. Wegen unserer Gier ist das Mädel bis auf die Knochen abgemagert. Wir haben gotteslästerlich gehandelt, denn jeder, ob er arbeitet oder nicht, hat ein Recht darauf, ausreichend zu essen.« Er umarmte Liesel mit Tränen in den Augen und fuhr fort: »Außerdem bist du durchaus zu etwas zu gebrauchen. Deine Häkelkunst hat uns alle in die Falle gelockt – aber wenn du sie bei Kleidung anwendest, werden wir die bestgewandeten Bauern weit und breit sein.«
Und wenn Liesel nicht gestorben ist, dann häkelt sie noch heute.

Fingerfood

Teigtaschen mit Shrimps

Zutaten für 12–14 Stück:

- 1 Zwiebel
- 1 grüne Peperoni
- 1/2 grüne Paprikaschote
- 250 g Shrimps
- Saft von 1 Zitrone
- 250 g Ricotta
- 2 Eier
- 100 g Gouda gerieben
- Paniermehl
- 200 g Mehl
- 150 ml Sahne
- 4 cl Kondensmilch
- Salz, Pfeffer, 6 EL Olivenöl

Für die Füllung Zwiebel fein würfeln, in heißem Öl glasig dünsten, fein gewürfelte Peperoni und Paprika kurz mitdünsten. Shrimps mit Zitronensaft beträufeln, grob hacken und dazugeben. Nach etwa 2 Minuten alles in eine Schüssel umfüllen.

Ricotta, Eier und Käse dazugeben, salzen, pfeffern und gut mischen. Die Masse mit ein wenig Paniermehl binden, dann auf den Teigkreisen verteilen. Den Teig zu halbkreisförmigen Taschen zusammenklappen, Ränder gut andrücken.

Mehl mit Sahne und 1/2 Teelöffel Salz verrühren und etwa 4 Esslöffel Olivenöl zugeben, bis der Teig glatt wird. Zugedeckt etwa 30 Minuten ruhen lassen. Auf einer bemehlten Arbeitsfläche dünn ausrollen und Kreise (Durchmesser etwa 10 cm) ausstechen.

Ofen auf 180 °C vorheizen. Die Teigtaschen auf ein mit Backpapier belegtes Backblech legen und etwa 20 Minuten backen. Kondensmilch zu gleichen Teilen mit Wasser mischen, die Taschen nach etwa 10 Minuten Backzeit damit bestreichen.

Countrykartoffeln

Zutaten:

1 kg Kartoffeln
5 EL Öl
2 EL Paprikapulver (edelsüß)
1 TL Zucker
1 TL Cayennepfeffer
Salz

Ofen auf 250 °C vorheizen. Kartoffeln schälen und in längliche Spalten teilen. Die Spalten in eine Schüssel geben, in Öl schwenken und dann auf einem mit Backpapier ausgelegten Backblech verteilen. Mit Paprika, Zucker, Cayennepfeffer und Salz bestreuen, etwa 35 Minuten backen.

Gefüllte Eier

Zutaten (für 8 Stück):

- 4 hartgekochte Eier
- 1 Möhre
- 1 Frühlingszwiebel
- 10 g Butter
- 1 EL trockener Weißwein
- 3 EL Frischkäse
- 1 EL gehackte Frühlingskräuter
- Salz, Pfeffer

Die Eier längs halbieren und die Dotter vorsichtig herauslösen. Eigelb durch ein feines Sieb streichen. Geschälte Möhre und Frühlingszwiebel (ohne Wurzel und grüne Blätter) fein würfeln. Butter in einem Pfännchen aufschäumen lassen, Gemüse darin anschwitzen. Salzen, mit Wein beträufeln und etwa 5 Minuten bissfest garen. Abkühlen lassen. Eigelb-Masse mit Frischkäse und Kräutern verrühren. Mit Salz und Pfeffer würzen und Gemüsewürfel untermischen.
Mit einem Spritzbeutel (zur Not tut's auch ein Teelöffel) in die ausgehöhlten Eierhälften geben.

Tipp: Sie können die Grundmasse (zerdrückte Eigelbe, Frischkäse) nach Belieben variieren. Wie wär's zum Beispiel mal mit einer Avocadofüllung? Dazu mischen Sie das pürierte Fruchtfleisch einer großen Avocado mit einem Schuss Zitronensaft und einem Esslöffel Sahne unter die Grundmasse und schmecken das Ganze mit Salz und Pfeffer ab.

Mini-Linsenbratlinge

Zutaten (für ca. 12 Stück):

- 200 g kleine Linsen
- 500 ml Gemüsebrühe
- 1 Lorbeerblatt
- 1/2 Bund gemischte Kräuter
- 1 Zwiebel
- 1 Möhre
- 150 g Sesamsamen
- 2 Eier
- 60 g Vollkornmehl
- 75 g Crème fraîche
- 3 EL Haferflocken
- Salz, Pfeffer
- Olivenöl

Die Linsen in der Gemüsebrühe mit dem Lorbeerblatt 20 bis 30 Minuten garen. Lorbeerblatt wieder entfernen, überschüssige Flüssigkeit abgießen.

Kräuter fein hacken. Zwiebel und Möhre schälen, fein reiben und in Öl andünsten. Mit Kräutern, Sesam, Eiern, Mehl, Crème fraîche und Haferflocken unter die Linsen mischen und mit Salz und Pfeffer kräftig würzen.

Aus der Masse mit feuchten Händen kleine Frikadellen formen, Öl in einer Pfanne erhitzen und die Frikadellen darin auf beiden Seiten etwa 4 Minuten braten.

Anleitung zum Hamburger-Essen

Man nehme: den Burger fest in beide Hände. Die Daumen sollte man dabei von den anderen Fingern abspreizen, um mit ihnen die Unterseite des Burgers zu stützen. Die anderen Finger legen sich locker um den oberen Brötchenteil (bei zu hohem Druck von oben drohen Ketchup und Senf heraus zu quellen). Dann führe man das Arrangement zum Mund, der hierfür so weit wie möglich geöffnet sein sollte. Es ist aufgrund des Schwierigkeitsgrades dieser Verfahrensweise ausnahmsweise gestattet, die Ellbogen aufzustützen.

Wenn man sich zu etwa einem Drittel dem Kern des Burgers genähert hat, erreicht man die Gurkenscheibe. Geübte Burger-Esser angeln diese mit den Zähnen aus ihrem glitschigen Bett zwischen Schmelzkäse und Würzsauce und lassen sie mit einem Haps im Mund verschwinden. Ungeübte Esser sollten sich daran ein Beispiel nehmen, denn bei dem Versuch, mundgerechte Stücke von der Gurke abzubeißen, droht die Gurke gern abzustürzen.

Weiteres Ungemach droht, wenn etwa die Hälfte des Sandwiches verzehrt ist. Bei nicht hundertprozentig symmetrisch angerichteten Burgern ist dann nämlich der Zeitpunkt gekommen, zu dem der vorwitzige Klops sich allzu weit aus seinen Brötchendeckeln hervorwagt – und ebenfalls abzustürzen droht. Im Notfall hilft hier nur das vorsichtige Abbeißen der hervorlugenden Klops-Kanten. Wer über einen großen Öffnungswinkel des Mundes verfügt, kann die totale Blamage auch dadurch verhindern, dass er sich den Rest-Burger nun zur Gänze einführt. Der Kauvorgang ist dann zwar durch das Missverhältnis von Mundgröße und Nahrungsmittelmenge leicht erschwert, aber die fehlende Eleganz lässt sich leicht durch das Vorhalten einer Papierserviette überspielen.

Die Menge an Papierservietten sollte deshalb immer äußerst großzügig bemessen sein. Bei einem zweistöckigen Burger kann man davon gut und gerne drei bis vier Stück gebrauchen, und wer dazu noch Pommes nimmt, kommt kaum ohne sechs Servietten

aus – beim Aufreißen der Ketchup- oder Mayonnaisetütchen könnte andernfalls die Kleidung großen Schaden nehmen.

Als Dessert empfiehlt sich zum Beispiel ein Milk-Shake. Dieses sollte vor dem Verzehr unbedingt vorgewärmt werden (also gleich zum Hauptgang mitbestellen!), da es in zapffrischem Zustand die Saugkraft des menschlichen Mundraumes überfordert: Gelegentlich können durch das Vakuum, das beim Ansaugen des dickflüssigen Trunks entsteht, leichte Betäubungserscheinungen an Zunge und Gaumen auftreten.

Kurz: So ein gepflegtes Burgeressen ist ein herrlicher Spaß für Jung und Alt – wenn man erst einmal die komplizierten Regeln beherrscht. Wer ausführlichere Anleitungen auch zu den anderen Spezialitäten in Hamburger-Restaurants benötigt, dem empfiehlt sich die Lektüre des 567 Seiten starken Standardwerks »Mein Big Mac und ich« (mit 98 Illustrationen).

Käsewindbeutel

Zutaten (für ca. 12 Stück):

50 g Butter
100 g Mehl
100 g Gruyère
3 Eier
Salz

In einem Topf 125 ml Wasser und Salz zum Kochen bringen, Butter in Flöckchen dazugeben und das gesiebte Mehl unterrühren. Kräftig schlagen, bis der Teig glatt ist und sich vom Topfrand löst. Abkühlen lassen. Währenddessen eine große Auflaufform buttern. Den Gruyère in kleine Stücke schneiden. Die Eier schlagen, einen kleinen Teil davon beiseite stellen (zum Bestreichen der Windbeutel), den Rest unter den abgekühlten Teig rühren und die Käsestückchen dazugeben.
Mit einem Esslöffel kugelförmige Teigbällchen in die Auflaufform setzen. Mit Ei bestreichen und im Backofen bei 160 °C etwa 40 Minuten backen.

Zwiebel-Tartelettes

Zutaten (für ca. 15 Stück):
1 Packung TK-Blätterteig
500 g Zwiebeln
5 EL Öl
2 Eier
150 g Crème fraîche
Salz, Pfeffer

Den Blätterteig auftauen und zu einem dünnen Teig ausrollen. Daraus Kreise von etwa 10 cm Durchmesser ausstechen. Die Ränder der Teigkreise etwas hochdrücken.
Zwiebeln in feine Ringe schneiden und in Öl glasig dünsten. Abkühlen lassen, dann mit Eiern und Crème fraîche vermengen. Kräftig würzen.
Die Masse auf die Teigböden geben und im Backofen bei 200 °C etwa 20 Minuten backen.

Fingerfood

Antipasti-Röllchen

Zutaten:

- 300 g Auberginen
- 400 g Zucchini
- 2 Knoblauchzehen
- 2 EL italienische Kräutermischung (TK)
- Salz, Pfeffer
- 7 EL Olivenöl
- 1 rote Paprikaschote
- 1 Kugel Mozzarella

Auberginen und Zucchini waschen und putzen. Auberginen längs in dünne Scheiben schneiden und salzen. Zucchini der Länge nach in hauchdünne Scheiben schneiden (z.B. mit einem Sparschäler).

Knoblauch, Kräutermischung, Öl, Salz und Pfeffer miteinander vermengen.
Auberginenscheiben abspülen, trockentupfen und mit dem Kräuteröl bestreichen.
Paprika in Streifen schneiden und Mozzarella würfeln.
Auf je zwei Zucchinischeiben eine Auberginenscheibe legen, mit Paprikastreifen und je einem kleinen Würfel Mozzarella belegen und aufrollen. Röllchen mit Holzspießen feststecken, das Ganze mit Kräuteröl bestreichen und von beiden Seiten je etwa 5 Minuten grillen oder goldbraun braten.

Lachsschnittchen mit Walnuss-Sahne

Zutaten (für 24 Stück):

- 6 Scheiben dunkles Roggenbrot
- 125 ml Sahne
- 100 geriebene Walnusskerne
- Salz, Pfeffer, Cayennepfeffer
- 200 g Räucherlachs in feinen Scheiben
- 1 kleine Fenchelknolle
- 150 g weiße Weintrauben
- 24 halbe Walnusskerne
- 2 TL Zitronensaft

Die Brotscheiben in je 4 Stücke schneiden und auf einem Servierteller verteilen.

Sahne steif schlagen, geriebene Walnusskerne unterheben und mit Salz, Pfeffer und Cayennepfeffer würzen. Lachsscheiben in 24 Stücke schneiden. Fenchel abspülen und mit dem Gurkenhobel zu hauchdünnen Scheiben schneiden. Fenchelgrün grob hacken. Weintrauben halbieren, Kerne mit einem spitzen Messer entfernen.

Auf den Brotscheiben je einen Teelöffel Walnuss-Sahne verteilen. Darauf die Fenchelscheiben und die Lachsstücke legen. Die Schnittchen mit Weintrauben, Walnüssen und etwas Fenchelgrün garnieren und mit kleinen Holzspießchen fixieren. Alles mit ein wenig Zitronensaft beträufeln.

Scheibchen vom Fleischstrudel

Zutaten:

- 200 g Mehl
- 200 g Quark
- 200 g Butter
- 1 Zwiebel
- 2 EL Öl
- 250 g gemischtes Hackfleisch
- 1 eingeweichtes Brötchen
- 2 Eier
- 3 EL Crème fraîche
- Salz, Pfeffer

Mehl, Quark und Butter miteinander verkneten und den Teig 2 Stunden kühl stellen.
Zwiebel in Öl glasig dünsten.
Hackfleisch mit Zwiebel, ausgedrücktem Brötchen, Eiern und Crème fraîche vermischen und salzen und pfeffern.
Den Teig auf einer bemehlten Arbeitsfläche zu einem dünnen Rechteck ausrollen. Die Fleischmasse darauf verteilen, das Ganze zu einer Rolle formen. Die Rolle nochmals gut kühlen, dann in Scheiben von etwa 1 cm Dicke schneiden.
Die Scheiben auf ein mit Backpapier belegtes Blech legen, im Backofen bei 200 °C etwa 20 Minuten backen.

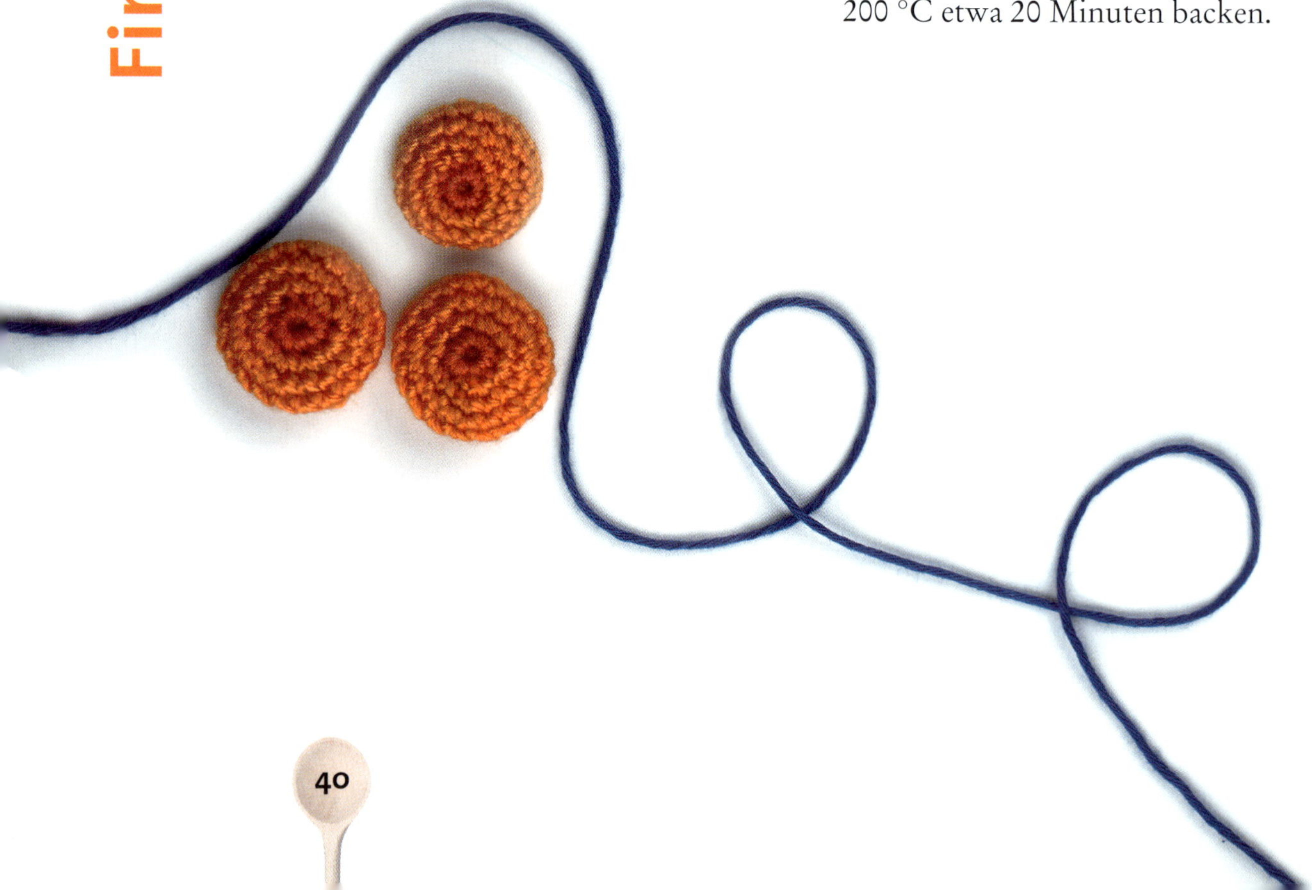

Wie bei Muttern

Die gute alte Hausmannskost

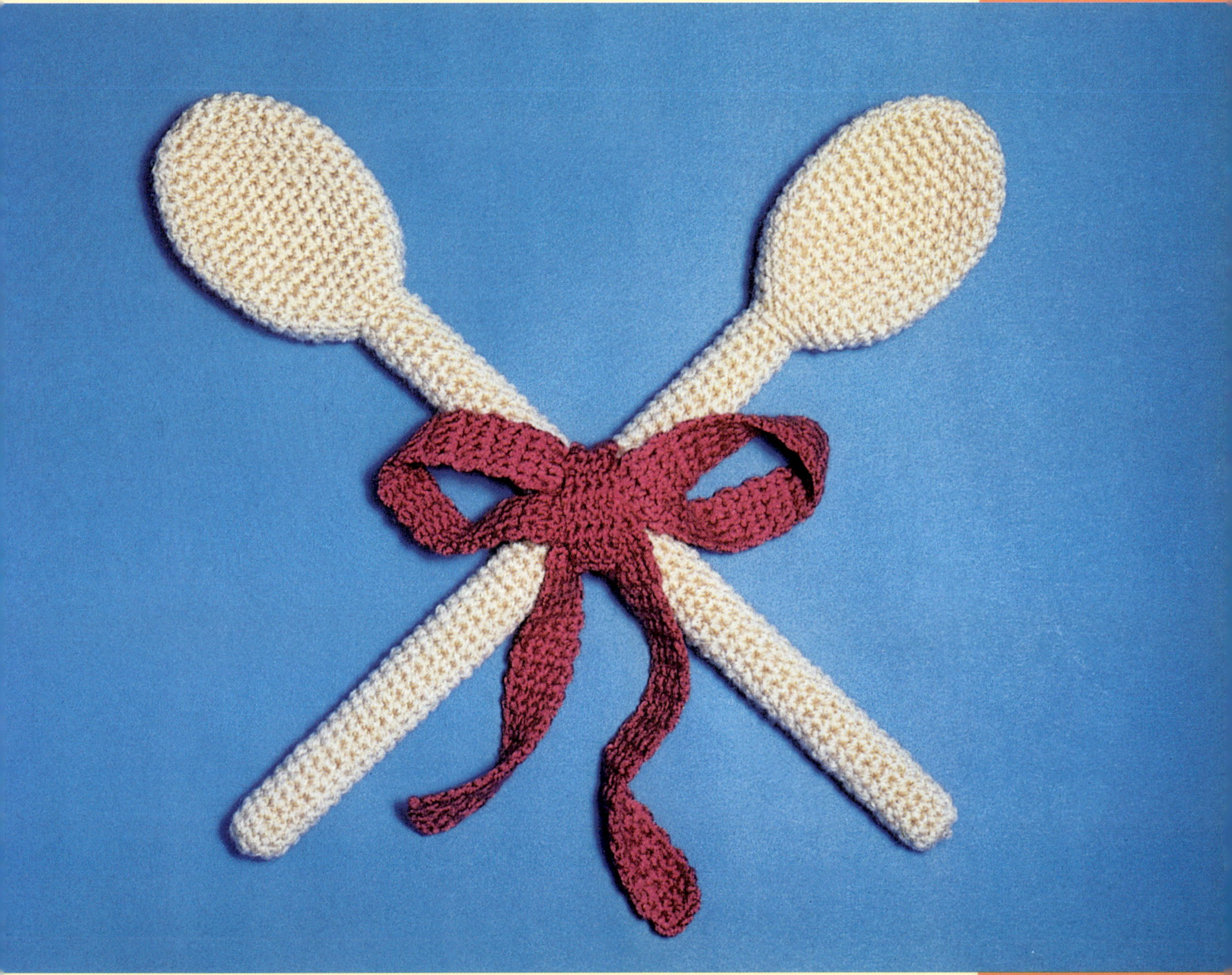

Daheim schmeckt's am besten

Sie kennen das: In einem Restaurant steht Ihr Lieblingsgericht auf der Speisekarte – und dann entpuppt sich das Eisbein oder das Hühnerfrikassee als plumpe Fälschung. Echt ist nämlich nur, was so schmeckt wie bei Muttern. Und an deren Kochkunst reichen auch die Fähigkeiten der größten Küchenchefs nicht heran. Warum das so ist? Weil jede Hausfrau ihr eigenes Rezept hat. Oft nimmt sie Zutaten, die in der gehobenen Gastronomie verpönt sind. So wird vielleicht die Sauce mit Mondamin angedickt, während ein anspruchsvoller Koch mühsam eiskalte Butterflöckchen einrühren würde. Auch Gemüse in gemeiner Mehlschwitze behauptet sich weiter in der Hausmannskost, in den Augen vieler Berufsköche ein Frevel.

Gerade durch ihren unprätentiösen Auftritt haben die traditionellen deutschen Gerichte in jüngster Zeit wieder mehr Fans gewonnen. Der Pariser Gastronom Jean Anthèlme Brillat-Savarin behauptete im 19. Jahrhundert: »Die Entdeckung eines neuen Gerichtes beglückt die Menschheit mehr als die Entdeckung eines neuen Gestirns.« Diese These hat inzwischen ihre Gültigkeit verloren. Durch die unüberschaubare Vielzahl an kulinarischen Neuschöpfungen, die in den vergangenen Jahren und Jahrzehnten unsere heimischen Küchen und die Restaurants überflutet hat, sind wir übersättigt – und sehnen uns nun wieder mehr nach den schlichten, ehrlichen Genüssen unserer Kindheit.

Aber wissen Sie denn überhaupt noch, wie Sauerbraten und Co. zubereitet werden? In den Supermärkten finden wir überbordende Tiefkühlregale und ganze Gänge voller Fix-Produkte, die uns die Arbeit erleichtern sollen. Zugegeben: Es ist wesentlich einfacher, den bereits marinierten Braten in der fertigen Gewürzmischung zu schmoren, als den Sauerbraten selber einzulegen. Doch es ist nicht halb so befriedigend – und nicht ansatzweise so lecker. Beim Genuss eines Gerichts, in dessen Zubereitung die Hausfrau viel Zeit und Mühe investiert hat, empfinden wir ein rührseliges Glücksgefühl ähnlich dem,

das
man
beim Tragen
eines von Mama
gestrickten Pullovers
hat.

Wärme, Gemütlichkeit, Geborgenheit – auf diese gemeinsamen Nenner lassen sich Wollerzeugnisse aus heimischer Produktion und Speisen aus der (groß)mütterlichen Küche bringen. Patricia Waller hat diese Analogien konsequent weitergedacht und -gehäkelt. Wem das nicht schmeckt, der muss sich eben selber an den Herd stellen. Auf den folgenden Seiten finden Sie deshalb einige traditionelle Rezepte aus verschiedenen Regionen Deutschlands, dazwischen aber auch mal den ein oder anderen kulinarischen Ausreißer, wie er der Hausfrau ja ebenfalls mal passieren kann. Als Beilagen dazu empfehlen wir Texte, die das Spiel mit den Ingredienzien der Heimeligkeit aufgreifen und das zuweilen von Nostalgie getrübte Bild des trauten Heims in Frage stellen.
Na dann: Mahlzeit!

Grünkohl mit Speck und Pinkel

Zutaten (für 4 Personen):

- 1,5 kg Grünkohl (der möglichst schon Frost abbekommen haben sollte)
- 2 Zwiebeln
- 3 EL Schmalz
- 2 EL Hafergrütze (oder Graupen)
- 1 TL Salz
- 1 TL Pfeffer
- 1 Prise Zucker
- ca. 150 ml Fleischbrühe
- 4 Scheiben Kassler
- 250 g geräucherter Speck
- 4 Pinkelwürste (geräucherte Grützwurst)
- 4 Kochwürste

Grünkohlblätter waschen und mit kochendem Wasser überbrühen. Grob hacken.

Zwiebeln fein hacken und in heißem Schmalz andünsten. Darüber Grünkohl, Hafergrütze und Gewürze schichten, Fleischbrühe hinzufügen und 10 Minuten kochen lassen. Gut durchmischen.

Kassler und Speck dazugeben, im geschlossenen Topf 2 bis 3 Stunden sanft schmoren lassen. In der letzten Stunde Pinkel- und Kochwürste dazugeben.

Fleisch und Würste herausnehmen, auf einer Platte anrichten. Grünkohl abschmecken und in einer Schüssel anrichten. Als Beilage werden Salzkartoffeln oder Moorkartöffelchen (im Ganzen mit Zucker angebratene, kleine runde Kartoffeln) gereicht.

Hühnerfrikassee

Zutaten (für 4 Personen):

- 1 Poularde (ca. 1 kg)
- 1 Bund Suppengrün
- Salz, 2 EL Pfefferkörner, 2 Lorbeerblätter
- 350 g Spargel
- 250 g kleine Champignons
- 65 g Butter
- Pfeffer
- 1 TL Zucker
- 30 g Mehl
- 5 EL Weißwein
- 1 EL Zitronensaft
- 1 Schuss Worcestersauce
- 100 g Crème fraîche
- 1 Eigelb
- 4 EL Sahne

Poularde mit Suppengrün, Salz, Pfeffer und Lorbeer etwa 1 Stunde lang kochen.
Spargel schälen und in Stücke von etwa 5 cm Länge schneiden.
Champignons putzen, in 25 g Butter dünsten, bis alle Flüssigkeit verdampft ist, dann salzen und pfeffern.
Poularde häuten, Fleisch von den Knochen lösen und klein schneiden.
Brühe durch ein Sieb geben und auffangen, im offenen Topf auf etwa $^{1}/_{2}$ Liter einkochen. Mit Zucker würzen, Spargelstücke darin garen und wieder herausnehmen.
Restliche Butter zerlassen, Mehl darin anschwitzen, mit Brühe und Wein auffüllen und kurz aufkochen lassen. Zitronensaft, Worcestersauce, Salz und Crème fraîche dazugeben, dann Fleisch, Spargel und Pilze in dieser Sauce ziehen lassen. Eigelb und Sahne verrühren und das Frikassee damit binden.

Tipp: Wem das Garen der Poularde und die Zubereitung des Hühnerfonds zu kompliziert sind, der kann auch etwa 500 g Hähnchenfilets würfeln und in fertiger Hühnerbrühe garen (etwa 5 Minuten).

Das Würstchen wird aus festen Maschen rund gehäkelt.

Aus mittelbrauner Wolle 2 Luftmaschen anschlagen und 7 Mal in die erste Masche einstechen.

Würstchen

In der 1. Reihe in jede Masche 2 Mal einstechen.
In der 2. Reihe in jede dritte Masche 2 Mal einstechen.
In der 3. Reihe in jede fünfte Masche 2 Mal einstechen.
In der 4. Reihe eine Masche zunehmen (insgesamt nun 25 Maschen).
14 Reihen gerade häkeln.

Von der Reihe 15 bis 28 in jeder Reihe eine Masche zunehmen und auf der gegenüberliegenden Seite eine Masche abnehmen. Die Wurst bekommt dadurch ein leichte Krümmung.

Für den Wurstanschnitt aus hellbrauner Wolle 2 Luftmaschen anschlagen und 7 Mal in die erste Masche einstechen.
In der 1. Reihe in jede Masche 2 Mal einstechen.
In der 2. Reihe in jede dritte Masche 2 Mal einstechen.
Würstchen mit Watte füllen und Anschnitt annähen.

Für den Wurstzipfel am Ende der Wurst 7 Maschen aus der ersten Reihe der Wurst aufnehmen.
In der 1. Reihe in jede Masche 2 Mal einstechen.
Die 2. Reihe gerade häkeln.

Ode an Spaghetti Bolognese

Aus Bologna kennt man ein Gericht,
des' Ruhm soll mehren ein Gedicht.
Es gibt kaum eine bess're Speise –
Der sie erschuf war wohl sehr weise.
Gehört sie doch zu jenen Gaben,
an denen Kinder sich gern laben.
Zugleich schmeckt sie Erwachs'nen gut,
da langt man zu, mit frohem Mut!

Auch der Ästhet wird sie besingen
(mit Inbrunst sie hiernach verschlingen):
Gepriesen seid Ihr, denn die Würze
liegt in der Länge, nicht der Kürze.
So lang, so schlank, so elegant
seid Nudeln Ihr, von Meisterhand.
Seid Fäden gleich, aus Elfenbein,
seid wunderschön – und bald schon mein.

Zwar wirkt Ihr blass, nicht ganz gesund,
mäandernd auf dem Tellergrund.
Kein Grund, um Euer Wohl zu bangen:
Schon gleich glüh'n rosig Eure Wangen.
Der Fleischeslust seid Ihr gar hold,
der Sinnenfreud' Tribut Ihr zollt:
fleischig, dick und rot die Sauce,
die in mir wecket Lust so große.

Wie um den Lebenssaft zu krönen,
und um der Wollust recht zu frönen,
ziert Euch ein Staub von Parmesan,
dem auch mein Aug' recht zugetan.
Es scheint, ein Künstler aus dem Süden
schuf Euch so fein ohn' zu ermüden.
Er schöpfte aus den schönsten Farben –
Fürwahr, auf dass wir nie mehr darben!

Wenn meine Gabel sich erhebet,
Ihr Nudeln zitternd dran erbebet.
Ihr gebt Euch scheu, flutscht dann herab –
und haltet mich gar schwer auf Trab.
Ich dreh' Euch, schlürfe und sag': »Pasta,
hinein mit Euch jetzt, damit basta!«
Frohlocket, jauchzet, jubilieret:
Mein Bauch schon lustvoll nach Euch gieret.

Spaghetti Bolognese

Zutaten (für 4 Personen):

500 g Spaghetti
4 EL Olivenöl
2 Scheiben Pancetta (oder geräucherter, durchwachsener Speck)
1 mittelgroße Zwiebel
250 g Rinderhack
1 Knoblauchzehe
1 kleine Möhre
1/2 kleine Selleriestange
1 Lorbeerblatt
1 kl. Dose Tomatenmark
150 ml trockener Weißwein
150 ml Rinderbrühe
Salz, gemahlener Pfeffer

Spaghetti al dente kochen. Währenddessen das Öl in einem Topf erhitzen, die klein gewürfelte Pancetta und Zwiebel darin 2 bis 3 Minuten anbraten. Das Hackfleisch dazugeben und unter ständigem Rühren weitere 5 Minuten braten (die Klumpen dabei zerdrücken), bis das Fleisch leicht gebräunt ist.
Knoblauch, Möhre und Sellerie schälen und fein hacken, mit dem Lorbeerblatt dazugeben und auf mittlerer Flamme etwa drei Minuten dünsten. Tomatenmark, Wein, Brühe und Gewürze unterrühren, kurz aufkochen lassen, dann auf niedriger Flamme etwa eine Stunde durchziehen lassen. Gelegentlich umrühren. Das Lorbeerblatt herausnehmen. Abschmecken und heiß zu den frisch gekochten Spaghetti reichen.

Gefüllte Paprikaschoten

Zutaten (für vier Personen):

- 70 g Reis
- 8 kleine Paprikaschoten
- 1 Zwiebel
- 1/2 Bund Petersilie
- 2 Frühlingszwiebeln
- etwas Öl
- 500 g gemischtes Hackfleisch
- 2 Eier
- Salz, Pfeffer
- 2 Tomaten
- 250 ml Gemüsebrühe

Reis kochen.
Von den Paprikaschoten jeweils einen Deckel herausschneiden, aus dessen Fruchtfleisch kleine Würfel schneiden.
Zwiebel fein hacken und mit den Paprikawürfeln in etwas Öl glasig dünsten.
Petersilie und Frühlingszwiebeln fein hacken.
Reis, Zwiebel-Paprika-Mischung, Petersilie und Frühlingszwiebeln mit Hackfleisch und Eiern mischen und kräftig mit Salz und Pfeffer würzen.
Paprikaschoten von innen und außen waschen. Fleisch-Reis-Farce hineingeben. Schoten in eine gefettete Auflaufform setzen, rundum grob gewürfelte Tomaten verteilen, Gemüsebrühe angießen. Mit Alufolie abdecken und im vorgeheizten Backofen bei 200 °C etwa 30 Minuten backen. Dann die Folie abnehmen und die Parikaschoten etwa 15 Minuten weitergaren.

Fortsetzungsroman

Das Haar in der Suppe

▸▸ Folge 3

Was bisher geschah:
Herr Kraweel besucht mit knurrendem Magen eine Matinée. Auf den anschließenden Empfang freut er sich vor allem wegen des Buffets, das ihn dort erwartet. Doch Herr Kraweel ist vom Pech verfolgt. Erst muss er sich von den Parkplatz-Valets demütigen lassen, dann entfällt ihm der Name eines hochrangigen Gastes, an dessen Wohlwollen ihm gelegen war. Schließlich ist Herr Kraweel auch noch gezwungen, mit anderen wichtigen Leuten Smalltalk zu machen. Unglücklich beobachtet er, wie andere sich zum wiederholten Male die Teller mit feinen Häppchen voll laden, während er weiter parlieren muss. Als endlich seine Chance gekommen ist, sich an den dargebotenen Köstlichkeiten zu laben, ist das Buffet total geplündert. Einzig ein Lachshäppchen erwischt er noch – das ihm in seiner Gier aus den Fingern gleitet.

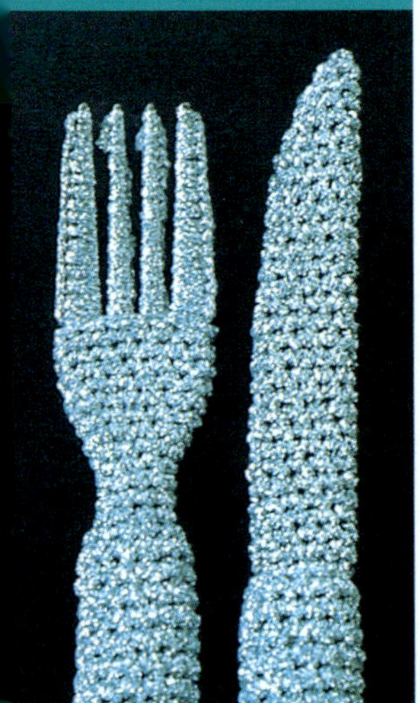

»O Gott«, stöhnte Herr Kraweel. Erschüttert blickte er auf den Boden. Da lag es, das letzte Fitzelchen Lachs von dem allerletzten Canapé, das er noch ergattert hatte. Unauffällig versuchte er es mit dem Fuß unter den Tisch zu schieben. Verstohlen steckte er sich dann das schlaffe und seiner Attraktivität total beraubte Stück Weißbrot in den Mund. »Warum tue ich mir das an?«, fragte er sich im Geiste. »Ich, ein Beamter in gehobener Position, der sich in den feinsten Restaurants zu Hause fühlt... Ach, zu Hause! Wäre ich doch bloß der Einladung meiner Mutter gefolgt, die heute einen schönen Sonntagsbraten auftischt. Der reicht jedenfalls für alle.«
Gedacht, getan. Artig bedankte sich Herr Kraweel bei den Gastgebern, freundlich verabschiedete er sich von Frau Koslowsky, die satt und träge im Kaminsessel lag. Herrn Scholz, den alten Vielfraß, bedachte er eben-

falls mit einem wohlwollenden Lächeln. »Ja, ja, ein wunderbares Buffet«, stimmte er noch dem greisen Herrn Göbel zu, »leider konnte ich nicht nach Herzenslust zugreifen, ich bin noch zum Essen bei meinen Eltern eingeladen.« »Die werten Eltern!«, rief Herr Göbel aus, »Nie wieder ist mir ein so begnadeter Schuhverkäufer wie Ihr Herr Papa begegnet. Grüßen Sie ihn und Ihre hochgeschätzte Frau Mama doch bitte recht herzlich von mir.«

Waltraud Kraweel staunte nicht schlecht, als ihr Sohn in so eleganter Aufmachung in der Tür stand. »Aber Hans-Peter, das wär' doch nicht nötig gewesen. Und außerdem dacht' ich ja, du kommst nicht. Deswegen könnte es ein bisschen knapp werden.«

»Knapp?!« Herr Kraweel war vor Hunger einer Ohnmacht nahe.

»Naja, ich hab' jetzt nur für Vatti und mich gekocht. Aber das kriegen wir schon hin, komm erst mal rein, Junge.« Nachdem er seinen Eltern die Grüße von Herrn Göbel bestellt hatte, waren sie ganz begierig auf Klatsch von dem Empfang. Herr Kraweel jr. schilderte also in den schillerndsten Farben, was die von Zappels alles aufgefahren, wie sich alte Bekannte daneben benommen und wie er selbst sich dem entwürdigenden Sturm aufs Buffet entzogen hatte. Als er seinen Bericht beendete, warf Frau Kraweel plötzlich ihren Strickstrumpf aufs Sofa und sprang auf: »Jesses, der Braten!«

Aber es war bereits zu spät. Aus dem Ofen quollen dichte schwarze Rauchschwaden.

(Fortsetzung folgt)

Himmel un Eed (Himmel und Erde)

Apfel-Kartoffel-Brei mit gebratener Blut- und Landleberwurst

Zutaten (für 4 Personen):

- 750 g Kartoffeln
- 125 ml Milch
- 50 g Butter
- Muskat
- 1 kg Äpfel
- Salz, Zucker
- 1 große Zwiebel
- 4 kleine Kringel Blutwurst
- 4 kleine Kringel grobe Leberwurst

Kartoffeln schälen und in Salzwasser etwa 20 Minuten gar kochen. Wasser abgießen und die Kartoffeln unter Zugabe von Milch, etwa 40 g Butter und frisch geriebenem Muskat zu einem feinen Brei stampfen.
Die Äpfel schälen, vom Kerngehäuse befreien, in Stücke schneiden und in etwas Wasser garen. Fein stampfen und unter den Kartoffelbrei rühren. Mit Salz und Zucker abschmecken.
Zwiebel in restlicher Butter braun anbraten und über den Apfel-Kartoffel-Brei geben.
Blut- und Leberwurst in dicke Ringe schneiden, ohne Zugabe von Fett in einer beschichteten Pfanne anbraten und mit dem Püree servieren.

Die beleidigte Leberwurst

Mein Schicksal ist besonders schaurig:
Mein Name steht in schlechtem Ruf.
Eingeschnappt sei ich und traurig –
weil man mich hässlich nur erschuf.

Gräulich-rosa meine Farbe,
gequetscht in einen engen Darm:
Kein Wunder, dass ich ewig darbe –
Mein Gott, ich bin doch wirklich arm!

Warum kann ich nicht Fleischwurst sein,
knackig, sexy, superlecker,
und aus Lyon, so richtig fein?

Man schmiert mich plump aufs Brot vom Bäcker,
lieblos, klumpig – ach, ist das gemein!
Verständlich, dass ich ewig mecker' ...

Aufschnitt

Salamischeibe:
Aus weinroter Wolle 2 Luftmaschen anschlagen und 7 Mal in die erste Masche einstechen.
In der 1. Reihe in jede Masche 2 Mal einstechen.
In der 2. Reihe in jede zweite Masche 2 Mal einstechen.
In der 3. Reihe in jede dritte Masche 2 Mal einstechen.
In der 4. Reihe in jede vierte Masche 2 Mal einstechen.
In der 5. Reihe in jede fünfte Masche 2 Mal einstechen.
In der 6. Reihe in jede sechste Masche 2 Mal einstechen.
In der 7. Reihe in jede siebte Masche 2 Mal einstechen.
In der 8. Reihe in jede achte Masche 2 Mal einstechen.
Mit weißer Wolle kleine Fettstücke aufsticken.

Bierschinken:
Aus rosa oder lachsfarbener Wolle 2 Luftmaschen anschlagen und 7 Mal in die erste Masche einstechen. Der Bierschinken wird wie die Salamischeibe gehäkelt.
Aus Wollresten mit helleren und dunkleren Farbtönen 4 Maschen anschlagen und 4 Reihen gerade häkeln. Kleine Rechtecke auf die Wurst aufnähen.
Zum Schluss mit dem Bügeleisen dämpfen.

Tipp: Weitere Wurstsorten finden Sie an der Wursttheke Ihres Metzgers. Lassen Sie sich von der Vielfalt inspirieren.

Erbseneintopf

Zutaten (für 8 Portionen):

- 500 g getrocknete Erbsen
- 300 g durchwachsener Speck
- 200 g Zwiebeln
- 300 g Kartoffeln
- Salz, Pfeffer, Majoran
- 2 Möhren
- 1 kleine Knolle Sellerie
- 1/2 Bund Petersilie
- 1/2 Stange Lauch

Erbsen über Nacht in reichlich kaltem Wasser einweichen.
Speck würfeln und in einem großen Topf hellbraun anbraten. Zwiebeln würfeln und in dem Speck glasig dünsten. Mit $1^1/_2$ Liter Wasser auffüllen, abgegossene und abgespülte Erbsen sowie klein gewürfelte Kartoffeln dazugeben. Würzen und etwa $1^1/_2$ Stunden kochen. Gelegentlich abschäumen und umrühren.
Möhren und Sellerie fein würfeln und etwa 20 Minuten vor Kochende dazugeben.
Petersilie fein hacken, Lauch in dünne Ringe schneiden, in den Eintopf geben. Kurz aufkochen, evtl. mit Salz, Pfeffer und Würze abschmecken.

Tipp: Wer den Erbseneintopf noch herzhafter mag, kann 5 Minuten vor dem Servieren kleingeschnittene Stücke Bockwurst mitgaren.

Man nehme

Weizenmehl

pflanzliches Öl (gehärtet)

Jodsalz

Molkenerzeugnis

modifizierte Stärke

Geschmacksverstärker (Mononatriumglutamat, Guanylat, Inosinat)

Aroma (mit Soja)

Steinpilze

Zucker

Verdickungsmittel Guarkernmehl

Milcheiweiß

Gewürze

Karamel

Maltodextrin

Säuerungsmittel Citronensäure

Thymian

Das alles rühre man mit einem Schneebesen in 1 Liter kaltes Wasser, lasse es unter Rühren aufkochen und fünf Minuten köcheln.
Maggi wünscht »Guten Appetit!«

Der Sauerbraten-Blues

Gestatten, ich bin die Schwarz-Bunte
aus der Holsteinischen Schweiz,
war ein Ochs', bin jetzt 'ne Tunte,
und zwar von allergrößtem Reiz.

Im Norden gab's nur Ignoranz,
verlacht' wurd' ich von meiner Herde.
Ich suchte nach mehr Toleranz,
auf dass ich endlich glücklich werde.

Ich hörte, dass am Rhein, in Kölle,
man Achtung schenkt Rindern wie mir.
Doch was ich fand, war echt die Hölle:
Ich verliebte mich ins falsche Tier!

Denn als der Stier 'nen andern nahm,
mich großer Ärger überkam.
Ich wurde wütend, richtig sauer –
Der Metzger lag schon auf der Lauer.

Der Mann war nicht sehr zart besaitet.
Von Natur aus sauer, ohne Essig,
so sah er mich schon zubereitet:
»So mag' ich's gern, die ess' ich!«

So wurd' ich zur Delikatesse,
und kann nur jedem Rindvieh raten:
Verzichte doch auf Raffinesse,
sonst endest Du als Sauerbraten.

Rheinischer Sauerbraten

Zutaten (für 4 Personen):

Für die Marinade

- 2 Zwiebeln
- 1 Stange Lauch
- 2 Möhren
- 1 kleine Knolle Sellerie
- 500 ml Rotwein
- 250 ml Weinessig
- 2 Lorbeerblätter
- 4 Nelken
- 10 Wacholderbeeren
- 10 Pfefferkörner
- eine Handvoll Senfkörner
- 1 TL Salz

Für den Braten

- 1 kg Rindfleisch (aus der Schulter)
- 80 g Butterschmalz
- 125 g Rosinen
- 125 ml Rotwein
- 50 g Pfefferkuchen
- 2 EL Rheinisches Apfelkraut (Aufstrich aus eingedicktem Apfelsaft)
- 75 g Saure Sahne
- Salz, Pfeffer

Zwiebeln schälen, Gemüse putzen. Alles grob zerkleinern und mit Rotwein, Essig, $^1/_2$ Liter Wasser und Gewürzen aufkochen lassen. Das Fleisch in einen Tontopf legen und mit der heißen Marinade übergießen. Die Flüssigkeit muss das Fleisch ganz bedecken. Den Braten 5 Tage im Kühlschrank marinieren. In dieser Zeit öfter wenden.

Das Fleisch aus der Marinade nehmen und gut trockentupfen. Die Marinade durch ein Sieb geben und beiseite stellen. Das Butterschmalz in einer Kasserolle erhitzen und das Fleisch bei großer Hitze von allen Seiten gut anbraten. Dann $^1/_4$ Liter Marinade und $^1/_4$ Liter Wasser an das Fleisch gießen und es etwa $1^1/_2$ Stunden zugedeckt bei geringer Hitze schmoren. Den Braten gelegentlich wenden, bei Bedarf Flüssigkeit (Wasser und Marinade) nachgießen.

Die Rosinen in Rotwein einweichen. Das fertig gegarte Fleisch herausnehmen und warm stellen.

Den Pfefferkuchen zerkrümeln und zusammen mit den Rosinen und Rotwein in die Bratensauce geben. Etwa 5 Minuten ziehen lassen. Die Sauce mit Apfelkraut, Saurer Sahne Salz und Pfeffer abschmecken.

Das Fleisch in Scheiben schneiden und auf einer vorgewärmten Platte anrichten. Die Sauce getrennt dazu reichen.

Tipp: Dazu passen Kartoffelklöße und Rotkohl, außerdem ein fruchtiger Spätburgunder.

Kurze Analyse zur gastro-ethischen Selektion im Kontext einer retardiven Rezeption subtil transformierter TV-Werbebotschaften

Im Folgenden wollen wir ein Problem skizzieren, das, möglicherweise aufgrund seiner kulturpolitischen Brisanz, von der Wissenschaft bisher vernachlässigt wurde und zu dem ausführlichere Forschungen von Sozio- und Patholinguistikern, Gastrosophen oder Ökotrophologen noch ausstehen. Der überaus vielschichtige und polarisierende Themenkomplex lässt sich ansatzweise in der Frage resümieren: Welchen Einfluss hat die Innovationswut der Werbeindustrie auf unser Essverhalten?

Betrachtet man das sukzessive und kaum wahrnehmbare Ändern von erfolgreichen Werbesprüchen (neudeutsch: claims), kann die spontane Antwort nur lauten: wenig. Denn mit großer Wahrscheinlichkeit wird die Hausfrau weiterhin zu Bonduelle-Konserven greifen, weil sie damit »das famose Zartgemüse aus der Dose« zu akquirieren glaubt. Längst operiert das Unternehmen französischer Provenienz mit anderen Claims, doch der alte Slogan, dank des Reimschemas und der eingängigen Melodie demselben Sprachcode gehorchend wie etwa ein Kinderlied, persistiert viel länger im Kopf des Verbrauchers als die Werbewirtschaft wahrhaben will. Sie inventiert, und sie scheut dabei weder hohe finanzielle Investitionen noch den widersinnigen Verschleiß humaner Ressourcen, permanent in Neues – auch wenn das Alte gut war. So wirbt »Du darfst«[1]) neuerdings mit dem Claim »Ich fühl' mich wohl, so wie ich bin«, ohne den Verbraucher damit zu erreichen: Der summt weiter »Ich will so bleiben wie ich bin«.

Die Marketingstrategie, mit permanenten Innovationen linguistischer Art gar nicht erst Monotonie und damit die Kaufunlust des Rezipienten zuzulassen, folgt gern der Philosophie der konsequenten Stimulationserinnerung durch bewusste morphologische Mutationen[2]) – der nicht zwingend ein Absatzplus sukzediert. Werbesprüche, die schon seit Dekaden ausgestrahlt werden und längst Eingang in unsere Umgangssprache gefunden haben, beweisen, dass auch stringentes Festhalten an Tradiertem mit dem erwünschten Resultat korrespondieren. »Haribo macht Kinder froh« wird von beinahe jedem Sprecher des Deutschen ergänzt werden können, und von der Schokolade »Ritter Sport« weiß ebenfalls ein Großteil der Bevölkerung, dass sie als »quadratisch, praktisch, gut« propagiert wird. Am eindringlichsten aber offenbart diesen Sachverhalt – die unvermutete und ökonomisch relevante Interrelation von konventionellem und den Sprachgesetzen gehorchendem Slogan einerseits sowie zielgruppengerechter und immer aktueller Positionierung andererseits – der Claim »Die zarteste Versuchung, seit es Schokolade gibt«.

Obschon er bereits seit vielen Jahren existiert, begreift die Jugend die mit diesem Slogan beworbene Milka Schokolade als genuin jugendliches Produkt.

Sogenannten Kultstatus[3]) hat ein Slogan spätestens dann erreicht, wenn er seine Daseinsberechtigung nicht länger der Werbung für ein Produkt verdankt, sondern er auch davon separiert eine Botschaft transportiert. »Darauf einen Dujardin« – diesen Ausspruch wird man in ironischer Brechung sogar von Menschen hören, die noch zu jung sind, um den eigentlichen Spot je gesehen zu haben. »Nicht immer, aber immer öfter« ist gar zu einem geflügelten Wort geworden, von dessen Aussage die werbende Clausthaler Brauerei nicht immer profitiert – aber immer öfter. Der Reiz des Schlichten, der solchen Claims innewohnt, hat zu einer Verrohung der zeitgenössischen Werbesprache und, damit korrelierend, zu einer Entwicklung im Alltagsjargon geführt, die nur als degenerativ bezeichnet werden kann[4]). »Liebe ist, wenn es Landliebe ist« wird vom Zuschauer memoriert und erfüllt damit den vorrangigen Zweck. Langfristig aber dürfte eine stilistisch so fragwürdige Formel unsere Fähigkeit, Substanzielles von Superfiziellem zu unterscheiden, korrumpieren. Ein Umdenken muss von Behörden, Forschung und Wissenschaft mit Vehemenz initiiert und gefördert werden. Denn wenn die Antwort auf die Frage »Alles Müller, oder was?« eines Tages lautet »Heute ein König!« oder gar »Etwas Warmes braucht der Mensch«, dann ist es möglicherweise zu spät.
Schon heute darf der Sinn präventiver Sprachregulationsmaßnahmen angezweifelt werden, wenn gleichzeitig Wortschöpfungen der Werbeindustrie Eingang in den Duden finden (»Verwöhnaroma«). Besonders irritieren solche Neologismen, wenn sie sich des Charmes fremdländisch klingender Phantasienamen bedienen, worin etwa der Nahrungsmittelkonzern Ferrero (Nutella, Kinder-Schokolade etc.) eine außergewöhnliche Kompetenz und Kreativität an den Tag legt. Ihm haben wir die »Piemontkirsche« ebenso zu verdanken wie die »Carmagnola-Minze«, absurde Sprachgebilde also, die sich mit Zusätzen schmücken, die allein durch ihren Klang besondere Qualität, Rarität oder Raffinesse versprechen, welche von den jeweiligen Produkten dann aber nicht eingelöst werden können. Dem Konsumenten scheint es gleich zu sein. Schließlich isst nicht nur das Auge mit, sondern auch das Ohr.

---

[1]) Hier ist der Markenname synonymisch mit einer Philosophie modernen Lebensmittelkonsums, die sich über exageriertes Gesundheitsbewusstsein und pathologisches Kalorienzählen definiert.

[2]) Vgl. Alforno, *Frankfurter Würstchen*, S. 116 ff.

[3]) Vgl. Krautundrüben, *Kult im Wertewandel*, S. 98

[4]) Hunger et al.: *Es wird gegessen, was das Fernsehen uns auftischt*. Hamburg, 2002.

Aus: Prof. Dr. rer. quatsch. Yvonne Haubrich. *Friss oder stirb. Streitschrift zur Zukunft abendländischer Esskultur*. Ohne Verlag. Hamburg, 2002.

Eisbein mit Sauerkraut

Zutaten (für 4 Personen):

- 3 Zwiebeln
- 4 Portionen Eisbein (je ca. 400 g aus der Schweinshaxe)
- 2 Lorbeerblätter
- Pfefferkörner
- 60 g Schweineschmalz
- 500 g frisches Sauerkraut
- 4 Gewürznelken
- 1 Kartoffel
- 4 Wacholderbeeren
- Senfkörner
- Salz, Zucker

Zubereitung des Eisbeins:
2 Zwiebeln schälen und grob hacken. 3 Liter Wasser zum Kochen bringen, leicht salzen und das Eisbein darin mit den Zwiebeln, 1 Lorbeerblatt, ein paar Pfefferkörnern und 1 Prise Zucker etwa $1^1/_2$ Stunden zugedeckt bei mittlerer Hitze garen.

Zubereitung des Sauerkrauts (etwa eine halbe Stunde nach dem Eisbein aufsetzen):
Schmalz in einem Topf erhitzen und das gut gewaschene Sauerkraut hineingeben. 1 Zwiebel schälen und mit Nelken spicken. 1 Kartoffel fein würfeln. Zwiebel und Kartoffel zusammen mit Lorbeerblatt, Wacholderbeeren, ein paar Senfkörnern und einer Prise Zucker zu dem Kraut geben, das Ganze mit ein wenig Fleischbrühe aufgießen und etwa 1 Stunde lang köcheln lassen.

Nach Ende der Garzeit das Eisbein aus der Brühe nehmen und zusammen mit dem Sauerkraut servieren. Dazu schmeckt am besten Kartoffelpüree.

Tipp: Das Sauerkraut schmeckt noch kräftiger, wenn man angebratene Speckwürfel (etwa 125 g) mitgart.

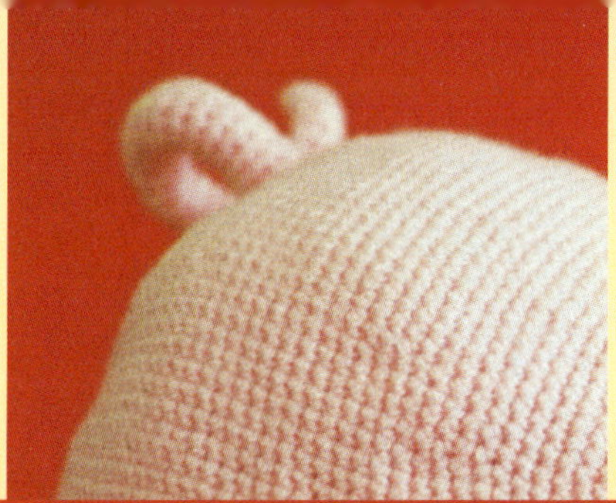

Fenicopterum

Fenicopterum eliberas, lavas, ornas, includis in caccabum, adicies aquam, salem, anethum et aceti modicum. Dimidia coctura aligas fasciculum porri et coriandri, ut coquatur. Prope cocturam defritum litis, coloras. Adicies in mortarium piper, cuminum, coreandrum, laseris radicem, mentam, prutam, fricabis, suffundis acetum, adities caryotam, ius de suo sibi perfundis. Reexinanies in eundem caccabum, amulo obligas, ius perfundis et inferes.

(Marcus Gavius Apicius,
De re conquinaria)

Apicius ist der Autor eines der ältesten bekannten Kochbücher der Welt. Er lebte im 1. Jahrhundert nach Christus im römischen Kaiserreich und galt etwa dem Schriftsteller Plinius als »Größter aller Verschwender und Prasser«.

Flamingo

Enthäute den Flamingo, wasche und dressiere ihn in einem Topf, gib Wasser, Salz, Dill und ein wenig Essig dazu. Wenn er halb gar ist, binde ein Bündelchen Lauch und Koriander zusammen, damit es mitkocht. Wenn er fast gar ist, gib eingedickten Traubenmost hinzu. Gib in einen Mörser Pfeffer, Kümmel, Koriander, Laserwurzel, Minze und Raute und zermahle es, gieße Essig dazu, gib Datteln hinein und gieße vom eigenen Saft darüber. Schütte es in denselben Topf, binde mit Stärkemehl, gieße die Sauce darüber und trage auf.

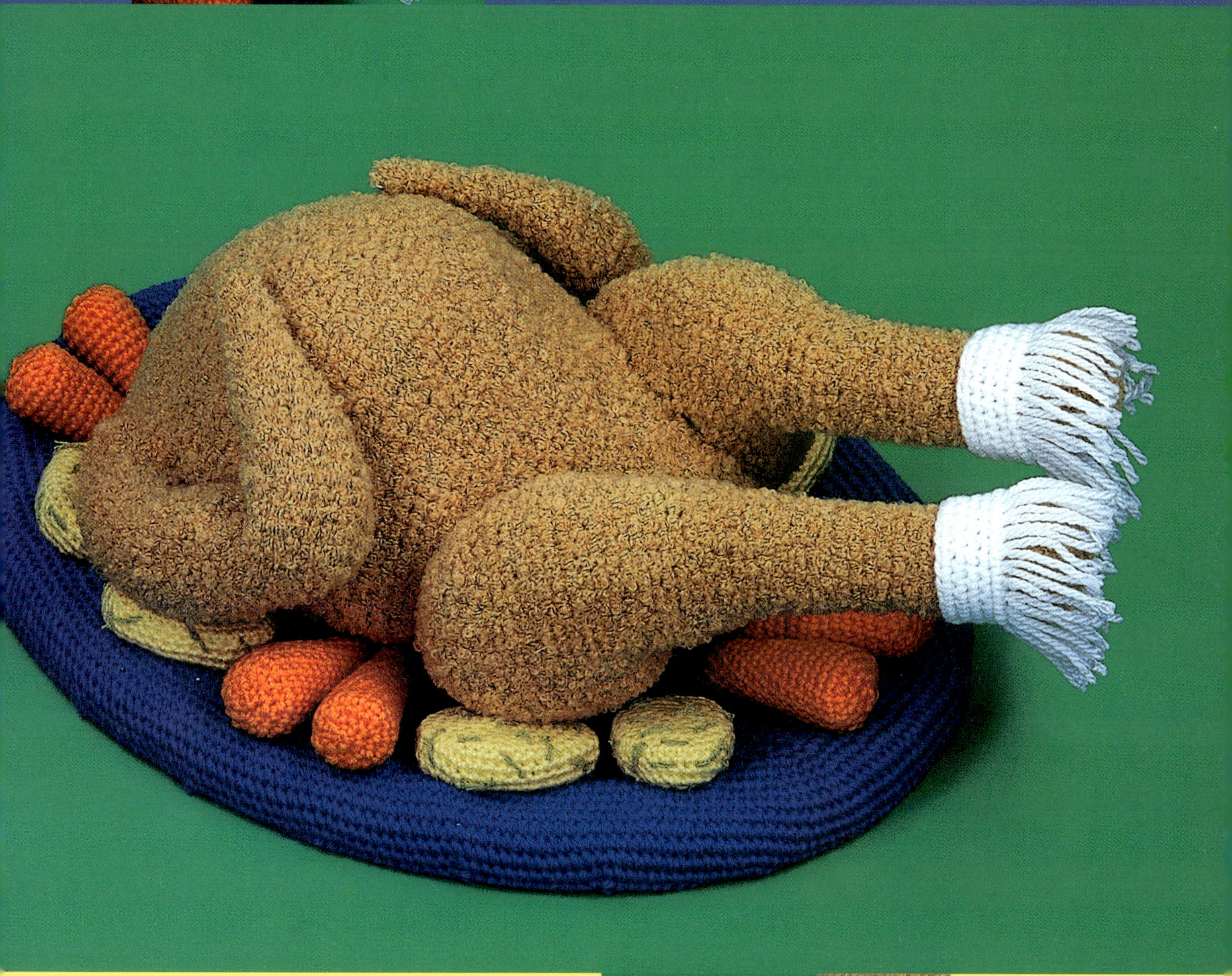

Kokos-Eiscreme

Zutaten (für 4 Portionen):

- 3 Eigelbe
- 100 g Zucker
- 1 TL Maisstärke
- 225 ml Milch
- 200 ml Kokosmilch (aus der Dose)
- 50 g Kokosflocken
- 65 cl Sahne
- 1 Tütchen Vanille-Zucker

Eigelbe mit Zucker und Maisstärke schaumig rühren.
Milch mit Kokosmilch und Kokosflocken in einem Topf erhitzen. Eimasse dazugeben und unter Rühren etwa 1 Minute aufkochen, bis die Masse eindickt. Abkühlen lassen, dann Sahne und Vanille-Zucker unter die Masse heben.
In der Eismaschine oder im Tiefkühlfach gefrieren lassen, dabei immer wieder durchrühren, damit die Eiskristalle nicht zu groß werden.

Grießflammeri mit Kirschlikör

Zutaten (für 4 Personen):

- 1/2 Vanilleschote
- 500 ml Milch
- 40 g Zucker
- 1 Prise Salz
- 2 EL Rosinen
- 20 g Butter
- 60 g Grieß
- 2 Eier
- 3 EL Sahne
- 1 EL gehackte Pistazien
- 8 EL Kirschlikör

Die Vanilleschote der Länge nach aufschneiden und das Mark herauskratzen. Schote, Mark, Milch, Zucker, Salz, Rosinen und Butter aufkochen. Den Grieß unter Rühren einstreuen und bei kleiner Hitze drei bis fünf Minuten kochen lassen. Gelegentlich umrühren. Währenddessen die Eier trennen, Eiweiß zu steifem Schnee schlagen, Eigelb mit Sahne verrühren. Den Grieß vom Herd nehmen und die Eigelb-Sahne-Mischung unterrühren. Den Eischnee und die Pistazien mit einem Schneebesen locker unterheben. Den Grießflammeri in eine Form zum Stürzen geben und erkalten lassen. Auf einen Teller stürzen und den Likör darüber gießen.

Genussbefehl

»Genießen Sie! Unsere Speisen und Getränke.«

So steht es auf den Speisekarten in den Bordrestaurants der Deutschen Bahn. Gleich vorne drauf, schön fett gedruckt. Erst die Anordnung, klar, deutlich, ohne Firlefanz: »Genießen Sie!« Dann der Urheber: »Unsere Speisen und Getränke«. Schön ist das. Ergreifend. Und verstörend. Denn in ihrer bedingungslosen Schnörkellosigkeit hat diese Textstruktur auch etwas beklemmend Autoritäres. Beinahe identische Kompositionen kennt man beispielsweise von Schildern in Mietshäusern. Erst die Aufforderung: »Nach 20.00 Uhr Tür abschließen!« Dann die anordnende Instanz: »Der Hausmeister«. Oder an verlotterten Baulücken: »Keinen Müll abladen! Die Ordnungsbehörde«.

Wir versuchen also dem Kommando der Bahn beziehungsweise der in der Bahn angebotenen Speisen und Getränke Folge zu leisten. Gelingt es uns? Natürlich nicht. Je mehr wir uns zum Genuss zwingen, desto weniger will er sich einstellen. Jedenfalls nicht beim Essen und Trinken. In unserer völligen Verzweiflung widmen wir uns wieder der Vorderseite der Speisekarte, und dort findet unsere Hoffnung Nahrung. Wir können endlich unserer heiligen Fahrgastpflicht nachkommen: Wir genießen – nämlich die Lektüre fremdsprachlicher Texte, die offensichtlich Übersetzungen des deutschen Genussbefehls sein sollen.

Enjoy our selection of meals and drinks!

A savourer! Nos repas et nos boissons.

Buon appetito! I nostri piatti e le nostre bevande.

Egészségükre! Ételeink és italaink.

Ochutnejte! Jídla a nápoje.

Das muss man sich wirklich auf der Zunge zergehen lassen. Reinste Poesie ist das, erst recht, wenn man keiner dieser Sprachen mächtig ist. Sollten Sie einen oder mehreren dieser Sätze verstehen und die korrekte Übersetzung in Frage zu stellen, dann bezwingen Sie freundlicherweise den verständlichen Impuls, Ihren Unmut zu äußern. Nur dieses eine Mal. Lassen Sie einfach die Anmut und Erhabenheit dieser grandiosen Textsequenz auf sich wirken. Oder, um im Sprachjargon der Bahn zu bleiben: Sitzen bleiben! Klappe halten! Genießen!

Gekonnt umgarnt

Gehobene Küche – Anlässe gibt es schließlich genug

Nicht nur, wenn der Chef zu Besuch kommt

Der Volksmund weiß, dass Liebe durch den Magen geht. Erfreuliche Geschäftsabschlüsse gehen denselben Weg. Und Freundschaft sowieso. Denn wer gut bewirtet wird, ist aufgeschlossen und freundlich gestimmt, der entspannt sich und wird großmütig. Also wird man beim ersten Rendezvous in den eigenen vier Wänden etwas auftischen, von dem man glaubt, dass es den Gast verführt – und uns in ein gutes Licht rückt. Man will ja nicht als grobschlächtiges Wesen ohne jede Raffinesse wirken. Genauso wenig wird man dem oder der Vorgesetzten ein schlichtes Abendbrot servieren: Die Person will schließlich beeindruckt werden, auch mit unserer kulinarischen Kompetenz.

Das Essen, das zu Hause inszeniert wird, birgt allerdings gewisse Tücken. Jeder, dem weder ein Koch noch Kellner zur Verfügung stehen, sollte dabei viel Zeit einplanen. Die Zutaten müssen frisch gekauft werden, und das Menü muss so gut geplant und vorbereitet sein, dass man selber an der Mahlzeit teilnehmen kann und nicht pausenlos in die Küche rennen muss. Der Wein will perfekt gewählt, der Tisch elegant gedeckt sein. All das kostet einiges an Knowhow und an Mühe, die allerdings, wenn das Essen ein Erfolg wird, gut investiert ist. Denn durch die private Atmosphäre bekommt die Einladung etwas Verbindliches, das – nun ja – verbindet.

Einfacher, allerdings auch weniger persönlich, ist es, man lädt in ein Restaurant ein. Das ist natürlich auch teurer, hat aber den Vorteil, dass man als Gastgeber in demselben Maße von der Aufmerksamkeit des Personals profitiert wie die Gäste. Besonders empfiehlt sich der Besuch eines Lokals dann, wenn die eigenen vier Wände nicht sehr repräsentativ sind, wenn man mit den Gästen noch nicht so vertraut ist oder wenn man das exotische Menü, das einem vorschwebt, nicht ohne weiteres zu Hause auftischen kann. Zu einem formvollendeten Sushi-Essen zum Beispiel gehören ja nicht nur die fei-

nen Röllchen, sondern auch das passende Geschirr, Stäbchen, Saucen, heiße Tücher, minimalistische Einrichtung, Kimonos, ein Bonsai-Garten, ein Zimmerspringbrunnen und so weiter.

Die gehobene Küche erfordert fast immer ein hohes Maß an Fremdsprachenkenntnissen und Fingerfertigkeit. Wer nicht in der Lage ist, einen Fisch anständig auf seinem Teller zu zerlegen, wer zudem von den Kellnern die Demütigung hinnehmen muss, in der Aussprache des gewünschten Gerichtes korrigiert zu werden, der wird sich mit dem Genuss schwer tun. In Wahrheit handelt es sich bei dem Besuch eines feinen Restaurants meist um eine perfide Prüfung: Ist der andere mit der Anzahl der Gläser überfordert? Kann der oder die Angebetete meinen Anforderungen an Lebensart und Etikette standhalten? Nur äußerst gebildete und sehr selbstbewusste Menschen meistern jede noch so absurde Situation am Tisch, ohne sich zu blamieren.

Andere machen ihrer Verzweiflung Luft, indem sie sich ihr Essen häkeln – ein Essen wohlgemerkt, das im Lokal zu bestellen ihnen niemals einfallen und zu Hause zu kochen niemals gelingen würde. Häkeln statt mäkeln also: eine Lösung, die zwar den Gaumenfreuden nicht ganz gerecht wird, alle ästhetischen Ansprüche aber, die man an Essen haben kann, bei weitem übertrifft.
Wohl bekomm's!

Rotbarbe mit Kartoffelschuppen

(nach Bocuse)

Zutaten (für 4 Personen):

- 400 g kleine Kartoffeln
- 60 g Butter
- 2 Eigelbe
- 8 Rotbarbenfilets à 125 g, entgrätet
- 240 ml Weißwein
- 240 ml Wermut, trocken
- 100 g Schalotten
- 400 g Crème fraîche
- 225 g Möhren
- 225 g Zucchini
- 100 ml Olivenöl
- 1 Bund Basilikum
- Salz, weißer Pfeffer

Die Kartoffeln schälen und in hauchdünne Scheiben schneiden. Die Kartoffelscheiben mit einem runden Ausstechförmchen zu Kreisen von 2 cm Durchmesser ausstechen. Die Kartoffelkreise 15 Sekunden in Salzwasser blanchieren. Abschrecken, gut abtropfen lassen und vorsichtig trockentupfen.
Die Butter in einem kleinen Topf zerlassen. Wenn sie klar wird, durch einen Kaffeefilter gießen und die Kartoffeln damit mischen.

Die Eigelbe verquirlen und die Rotbarbenhäute damit bestreichen. Dann die Kartoffelscheibchen sorgfältig überlappend auf die Filets legen, so dass ein Schuppenkleid entsteht. Die Filets kalt stellen.
Weißwein, Wermut und fein gewürfelte Schalotten einkochen lassen. Crème fraîche dazugeben und auf 2/3 einkochen lassen, salzen und pfeffern.
Die Möhren und Zucchini putzen und fein würfeln. Zuerst die Möhren in kochendes Salzwasser geben, drei Minuten später die Zucchini dazugeben. Nach einer Minute die Gemüsewürfel abschrecken und abtropfen lassen.
Olivenöl in zwei großen beschichteten Pfannen erhitzen und die Filets mit der Kartoffelseite nach unten hineinlegen. Salzen, pfeffern und bei mittlerer Hitze 8 bis 10 Minuten goldbraun braten, ohne sie zu wenden.
Basilikum in Streifen rupfen, in die kochende Sauce geben und pürieren. Gemüsewürfelchen dazugeben, aufkochen lassen und nachwürzen.
Die Filets mit der Kartoffelseite nach oben auf Tellern anrichten, die Sauce darum verteilen.

Ehekrach

»Es ist Samstag nacht, lass' uns ausgeh'n!« Der Fisch wirkte äußerst unternehmungslustig.
»Ach nein, mir ist viel mehr nach faulenzen«, sagte der Apfel und gähnte.
»Nun komm schon. Hier, nimm ein Glas Wein, das wird dich aufmuntern.«
»Ich will aber nicht aufgemuntert werden. Warum setzt du dich nicht zu mir aufs Sofa? Gleich kommt sogar dein Lieblingsfilm im Fernsehen.«
»Den können wir doch aufnehmen und ihn uns an einem Abend ansehen, wenn nichts los ist«, schlug der Fisch vor. »Heute aber will ich feiern!«
»Hast du denn einen Grund zum Feiern?«, fragte der Apfel.
»Na hör mal! Es ist Sommer, die Stimmung draußen ist ausgelassen... Und außerdem habe ich meinem Chef versprochen, dass ich ihn später noch in der Haifischbar treffen werde.«
»Aha! Dein Chef ist dir also wichtiger als ich, du alter Schleimer!«, erregte sich der Apfel. Seine Backen wurden röter.
»Irgendjemand muss ja das Geld verdienen, damit du den ganzen Tag im Negligé hier herumlungern kannst!«, schimpfte der Fisch.
Der Apfel verdrehte die Augen: »Ich habe diese Diskussion satt.«
»Ich auch«, sagte der Fisch. »Und dich erst recht.«
Als dem Fisch klar wurde, was ihm da gerade rausgerutscht war, wollte er es wieder gutmachen. »War nicht so gemeint. Bitte, sieh mich an.« Dabei tätschelte er die Wange des Apfels.
»Weißt du, vielleicht ist es gut, dass wir mal drüber reden. Ich kann dich nämlich auch nicht mehr riechen. Und jetzt nimm bloß deine Flossen von mir!«
»Aber gern doch – so richtig knackig bist du ja schon lange nicht mehr...«
»Na, zumindest habe ich nicht so unappetitliche Schuppen wie du!« Der Apfel wandte sich ab, stellte den Fernseher lauter und signalisierte dem Fisch damit, dass die Diskussion beendet sei.
Der Fisch schnappte kurz nach Luft, schlüpfte dann in seinen Teigmantel und verließ, ohne ein Wort zu sagen, das Haus. Der Apfel im Schlafrock sah ihm traurig nach: Alle hatten uns gewarnt, ging es ihm durch den Kopf, dass es mit uns niemals gutgehen könne. Vielleicht hätten wir auf sie hören sollen.

Äpfel im Schlafrock mit Vanillesauce

Zutaten (für 4 Personen):

- 4 kleine, saftige Äpfel (z.B. Cox Orange)
- Zitronensaft
- 120 g Marzipan
- 1 Packung TK-Blätterteig
- 5 Eigelbe
- 4 Vanilleschoten
- 500 ml Milch
- 4 EL Zucker

Die Äpfel schälen, ganz lassen und das Kerngehäuse rund ausstechen. Äpfel mit Zitronensaft einreiben, mit Marzipan füllen.
Aus dem aufgetauten Blätterteig vier Quadrate formen, die groß genug sind, die Äpfel zu umschließen. Äpfel auf den Teig setzen, einschlagen und Überlappungen sowie Außenflächen mit Eigelb bestreichen. Im vorgeheizten Ofen bei 200 °C etwa 35 Minuten backen.
Für die Sauce die Vanilleschoten aufschlitzen, das Mark herauskratzen und mit der Milch aufkochen lassen. Den Topf vom Herd nehmen und unter ständigem Schlagen mit dem Schneebesen Zucker und restliches Eigelb dazugeben. Den Topf wieder auf die Platte stellen und weiterrühren, bis die Sauce die gewünschte Dicke erreicht hat.

Fisch sucht Fahrrad

Mit Dir will ich den aufsteigenden Luftbläschen zusehen,
wenn wir uns unter Wasser küssen; mit Dir will ich Ozeane überqueren
und beim Leuchten der Sterne tränenglänzende Augen bekommen;
mit Dir will ich, ohne einmal Luft zu holen,
voller Anmut durch Seen gleiten;
mit Dir will ich in feuchter Umarmung eins sein und
in einem Meer aus Leidenschaft versinken;
mit Dir will ich heiter plätschernde Gebirgsbäche erkunden
und mich von Deinem glockenhellen Lachen verführen lassen,
wenn Du am Ufer ausrutschst;
mit Dir will ich mich im Flussbett am Sog von mystischen
und mythischen Stoffen berauschen;
mit Dir will ich perlende Geistesstrudel aufwirbeln und der Lust
am fließenden Gedankenaustausch erliegen;
mit Dir will ich inmitten eines mächtigen Stroms innehalten
und in schwereloser Verträumtheit um die
weich tänzelnden Algen streichen;
mit Dir will ich den Wogen trotzen, die uns zuweilen
zu erdrücken drohen;
mit Dir will ich den Quell allen Lebens entdecken
und Grenzen der Natur überschreiten.

Willst Du (Dorade oder Wolfsbärschin, schlank, gehobenes intellektuelles und finanzielles Niveau) mit mir (Thunfisch, sportlich, weitgereist und anspruchsvoll) die Reise durch unruhige Gewässer wagen, in süßen wie in salzigen Zeiten? Zuschriften mit Bild an **Chiffre 123 456**.

Aus Pappe 4 cm hohe Rollen mit einem Durchmesser von 4 cm herstellen.
Die Rollenbezüge werden aus festen Maschen rund gehäkelt.
Mit schwarzer Wolle zwei Luftmaschen anschlagen und 7 Mal in die erste Masche einstechen.

Sushirollen

In der 1. Reihe in jede Masche 2 Mal einstechen.
In der 2. Reihe in jede zweite Masche 2 Mal einstechen.
In den folgenden Reihen weiter zunehmen, bis es 24 Maschen sind.
Nun 11 Reihen gerade häkeln, bis das Röllchen bedeckt ist.

Für den »Reis« mit weißer Wolle zwei Luftmaschen anschlagen und 7 Mal in die erste Masche einstechen.
In der 1. Reihe in jede Masche 2 Mal einstechen.
In der 2. Reihe in jede zweite Masche 2 Mal einstechen.
In der 3. Reihe in jede dritte Masche 2 Mal einstechen.
Kreisform nun auf den Zylinder aufnähen.

Für die »Füllung« der Sushirolle aus grüner oder lachsfarbener Wolle 3 Luftmaschen anschlagen, eine Reihe häkeln und in die Mitte des Kreises aufnähen.

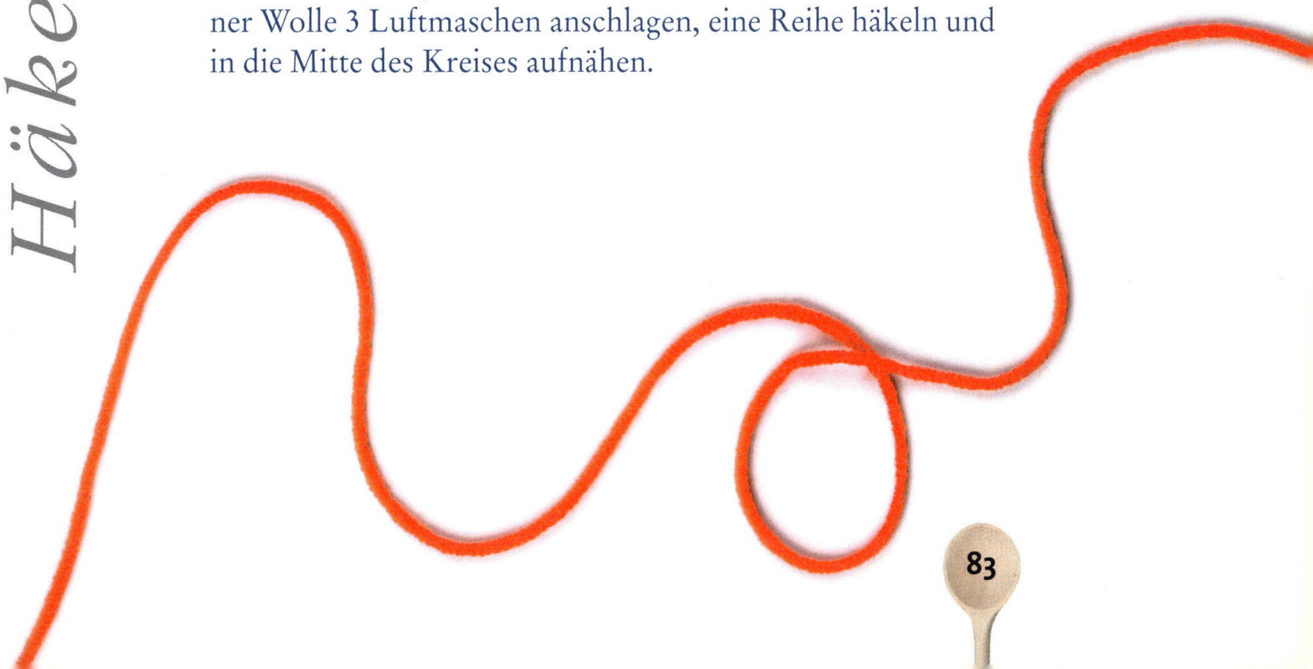

Sushi-Reis

Zutaten (für ca. 20 Sushi oder Maki-Röllchen):

200 g Sushi-Reis
(Rundkorn-Reis, im Asia-Shop)
1 Blatt Konbu (getrockneter Seetang), ca. 8 x 8 cm groß
1 EL Sake
3 EL Reisessig
1 TL Zucker
1 TL Salz

Den Reis gründlich waschen und abtropfen lassen. In einen Topf geben, mit etwa 1/2 Liter Wasser aufgießen. Konbu-Blatt dazulegen. Kurz bevor das Wasser anfängt zu kochen, Konbu wieder herausnehmen. 2 Minuten sprudelnd kochen, dann bei geringer Hitze 15 Minuten ausquellen lassen. Den Reis vom Herd nehmen, ein Küchentuch unter den Topfdeckel klemmen und 15 Minuten nachdämpfen lassen.
Sake, Reisessig, Zucker und Salz unter Rühren erhitzen, aber nicht kochen. Wenn die Flüssigkeit klar wird, vom Herd nehmen.
Den Reis in eine Schüssel füllen. Nach und nach die lauwarme Essig-Sake-Lösung mit einem Holzspatel unterrühren, ohne dass der Reis zu nass wird.

Waller in Rieslingsud

Zutaten für 4 Personen:

Für das Gemüse:

200 g Möhren
200 g Knollensellerie
2 Zwiebeln
200 g Lauch
60 g Butter
3 EL frischer Meerrettich
1 Bund Schnittlauch
Salz, weißer Pfeffer

Für den Fisch:

6 Champignons
2 Zwiebeln
2 Knoblauchzehen
20 g frischer Meerrettich
12 EL Champagneressig
100 ml trockener weißer Vermouth
200 ml trockener Weißwein
Salz
10 weiße Pfefferkörner
4 Lorbeerblätter
4 Tranchen Waller à ca. 220 g
160 g eiskalte Butter

Möhren, Sellerie, Zwiebeln und Lauch putzen, in feine Streifen schneiden und in kochendem Salzwasser blanchieren. In Eiswasser abschrecken, abtropfen lassen.
Für den Fischsud die Champignons grob hacken, Zwiebeln und Knoblauch würfeln, Meerrettich reiben. Alles in einen Topf geben, Essig, Vermouth, Wein und 1/2 Liter Wasser dazugießen und mit Salz, Pfefferkörnern und Lorbeer würzen. Den Sud einmal aufkochen lassen und abschmecken. Den Topf vom Herd nehmen, die Fischscheiben salzen und pfeffern, hineinlegen und 8 bis 10 Minuten im nicht mehr kochenden Sud gar ziehen lassen.
Inzwischen das vorbereitete Gemüse in Butter erhitzen, mit Salz und Pfeffer würzen. Gemüse auf eine vorgewärmte Servierplatte legen.
Den Waller aus dem Sud nehmen und auf dem Gemüse anrichten. Den Sud durch ein Sieb gießen, 1/2 Liter davon abmessen und die kalte Butter in Flöckchen darunterschlagen.
Den aufgeschlagenen Sud über Fisch und Gemüse gießen, alles mit frisch geriebenem Meerrettich und in feine Ringe geschnittenem Schnittlauch bestreuen.

Der nächste Winter – das sagen Ihre Sterne

Horoskop

(nach der animalosophischen Mondphasendeutung)

Haifisch (0.01-2.00 Uhr)
Sie gehen zu hohe Risiken ein und sollten aufpassen, dass Sie nicht leichtsinnig Ihr Leben aufs Spiel setzen. Also: Besser auf Fernreisen verzichten (Haifischflossen stehen in Asien hoch im Kurs) und den Winter lieber zu intensiven Wellnesstagen zu Hause nutzen (um etwa unschöne Hautabschuppungen zu verhindern). Auch finanziell Zurückhaltung üben!

Zander (2.01-4.00 Uhr)
Ziehen Sie sich warm an: Es ist an der Zeit, eine Aussprache herbeizuführen. Erst wenn alle Unklarheiten aus dem Weg geräumt sind, können Sie guten Gewissens Ihr Ziel anpeilen. In der Liebe verheißt die Zeit vom 15. bis 18. Dezember die schönsten Stunden, finanzielle und berufliche Angelegenheiten sollten Sie am 5. und 12. Januar sowie am 1. März regeln.

Schwein (4.01-6.00 Uhr)
Sie machen Ihrem Sternzeichen mal wieder alle Ehre: Sie haben richtig Schwein! Die kommenden Monate könnten Ihr ganzes Leben ändern – vom Karrieresprung über eine Hochzeit bis hin zu einem Lottogewinn ist alles möglich. Lassen Sie andere an Ihrem außergewöhnlichen Glück teilhaben, solange es währt …

Hummer (6.01-8.00 Uhr)
Nichts als Scherereien: Im Job läuft nicht alles nach Plan, in der Partnerschaft kriselt es. Aber Kopf hoch. Um Weihnachten herum sind Sie heiß begehrt, vielleicht erleben Sie an diesen Tagen sogar eine kochende Leidenschaft. Genießen Sie sie – denn schon im Januar droht eisige Kälte in Ihrem Leben Einzug zu halten.

Rind (8.01-10.00 Uhr)
Sie haben die altbekannten Probleme mit Ihrem Partner oft genug wiedergekäut, jetzt sollten Sie endlich die Konsequenz aus der fortwährenden Beziehungskrise ziehen und einen Schlussstrich darunter setzen. Die Zeit ist reif – und günstig: Dank einer vielversprechenden Sternkonstellation gehen Sie weder größere emotionale noch ökonomische Risiken ein.

Krebs (10.01-12.00 Uhr)
Sie sehen allzu schnell Rot. Gönnen Sie sich mal eine Pause, nehmen Sie ein paar Tage

Urlaub und versuchen Sie, dem Weihnachtsstress durch meditative Einkehr ein Schnippchen zu schlagen. Mit mehr Gelassenheit meistern Sie Alltagsprobleme doch viel besser als durch Jähzorn und überflüssige Diskussionen. Guter Tag für Neuanschaffungen: 23. Januar.

Meerjungfrau (12.01-14.00 Uhr)
Sie stehen mit beiden Beinen im Leben. Aber erscheint es Ihnen nicht gelegentlich so, als halte Ihr pragmatisches Wesen Sie von den wahren Verheißungen des Lebens fern? In Ihrer Brust schlagen zwei Seelen – und beide wollen auf ihre Kosten kommen. Jetzt ist die Zeit günstig, auch mal Ihre abenteuerlustige Seite zu ihrem Recht kommen zu lassen ...

Lamm (14.01-16.00 Uhr)
Warum immer so lammfromm? Die Sterne stehen zu Beginn des Winter außerordentlich günstig für Ausschweifungen aller Art. Ob bei der Weihnachtsfeier Ihrer Firma oder bei einem Adventskaffee mit Freunden: Tun Sie sich keinen Zwang an! Das anschließende Gemecker und Geblöke Ihrer Kollegen kann Ihnen nichts anhaben.

Huhn (16.01-18.00 Uhr)
Sie hatten es in diesem Jahr nicht leicht, aber das ändert sich. Auch Sie finden jetzt endlich das sprichwörtliche Korn: Sie erhalten vom Finanzamt einen größere Geldsumme zurück, werden befördert oder gewinnen eine Traumreise. Singles erwartet ein neues Herzensglück – das sie nicht durch übermäßiges Glucken gefährden dürfen.

Schildkröte (18.01-20.00 Uhr)
Gar nicht so leicht, durch Ihren Panzer zu Ihrem Herzen vorzudringen. Im Februar aber wird dies jemandem gelingen – es folgt eine Zeit großer Harmonie und stillen Seelenfriedens. Um den 29. Februar sollten Sie eine fällige Renovierung oder einen Hausbau in Angriff nehmen, bei Finanzierungsgesprächen wird Ihre Bank außergewöhnlich entgegenkommend sein.

Auster (20.01-22.00 Uhr)
Warum nur sieht niemand, was hinter der schroffen Fassade steckt? Diese Frage beschäftigt Sie jetzt mehr denn je. Dabei liegt es allein an Ihnen, dass man Ihren wahren Wert selten erkennt. Sie sollten sich Ihrer Umwelt mehr öffnen. Und keine Bange: Schon ein kleiner Spalt genügt, um dahinter eine kostbare Perle aufschimmern zu sehen ...

Hase (22.01-0.00 Uhr)
Die Zeichen stehen auf Sturm. Ein Kollege macht Ihnen den Job zur Hölle, zu Hause liegt allerhand im Argen, und zu allem Überfluss haben Sie hohe Verluste wegen riskanter Aktiengeschäfte zu beklagen. Das kommt nun davon, dass Sie versucht haben, Ihre Ängstlichkeit in den Griff zu bekommen. Aber: Diese Phase geht vorbei. Halten Sie die Ohren steif!

Filet Wellington

Zutaten (für 6 bis 8 Portionen):

- 1 große Zwiebel
- 3 EL Öl
- 500 g Champignons
- 3 EL Sahne
- Salz, Pfeffer
- glatte Petersilie
- 1,5 kg Rinderfilet
- 40 g Butter
- 100 g Gänseleberpastete
- 2 Packungen TK-Blätterteig
- 1 Eigelb

Zwiebel fein hacken und in Öl glasig dünsten. Champignons hacken, mit den Zwiebelwürfeln dünsten, bis alle Flüssigkeit verdampft ist. Sahne untermischen und einkochen lassen. Mit Salz, Pfeffer und gehackter Petersilie würzen, abkühlen lassen.
Das Filet mit Salz und Pfeffer einreiben und 10 Minuten von allen Seiten in der Butter scharf anbraten. Abkühlen lassen.
Pilzmasse mit der Gänseleberpastete vermischen.
Aufgetaute Blätterteigscheiben übereinander legen (eine Scheibe zum Garnieren beiseite legen) und zu einem Rechteck ausrollen, das groß genug zum Einschlagen des Filets ist.
Das Fleisch auf den Teig legen und rundherum mit der Farce bestreichen. Dann in den Teig einhüllen, Ränder mit Eigelb bestreichen. Aus der letzten Scheibe Blätterteig Streifen oder Kreise schneiden, mit Eigelb bestreichen und das Filet Wellington damit dekorieren. Alles mit Eigelb bestreichen, mit einer Spicknadel mehrmals den Teig einstechen (damit der Dampf entweichen kann).
Filet auf ein Backblech legen, im vorgeheizten Ofen bei 225 °C etwa 30 Minuten backen, anschließend etwa 15 Minuten im abgeschalteten Ofen bei offener Tür ruhen lassen.

Basilikum-Parmesan-Suppe

Zutaten (für 4 Personen):

- 1 Zwiebel
- 2 Knoblauchzehen
- 4 EL Olivenöl
- 1 EL Mehl
- 350 ml Gemüsebrühe
- 200 g Sahne
- 70 g Parmesan
- Salz, weißer Pfeffer, Muskat
- 2 Bund Basilikum

Zwiebel schälen und fein würfeln. Knoblauch schälen und durch die Presse drücken. Beides in Olivenöl andünsten. Mehl darüber geben und anschwitzen. Unter Rühren mit dem Schneebesen die Brühe und die Sahne aufgießen. Suppe 10 Minuten köcheln lassen.

Etwas mehr als die Hälfte des Parmesans reiben und in die Suppe geben. Mit Gewürzen abschmecken. Basilikumblätter von den Zweigen zupfen, einige Blätter beiseite legen. Rest in die Suppe geben und mit dem Stabmixer pürieren.

Suppe in Teller verteilen. Restlichen Parmesan hauchdünn darüber hobeln, mit Basilikumblättern garnieren.

Prost Mahlzeit

Wer von Wissensdurst getrieben ist, wird kluge Bücher verschlingen – möglicherweise aber nicht die Bohne verstehen. Kein Wunder: Viele vermeintliche Gelehrte haben im Laufe der Jahrtausende ihren Senf zu etwas gegeben, das sie selbst noch nicht ganz verdaut hatten. So entpuppen sich anfangs umjubelte »Fachwerke« später als unausgegoren, während viele Standardwerke nur den ewig gleichen Einheitsbrei wieder aufwärmen. In Wahrheit sind die meisten Bücher Käse, deren Autoren sich einen gebildeten Anschein geben, aber bei näherem Betrachten nur mit Wasser kochen. An wem diese Situation nagt, der hat zwei Möglichkeiten: Entweder schlachtet er die Idole der Wissenschaft, indem er diese Farce aufdeckt (und das Ganze möglichst mit einer Prise Ironie und einem Schuss Humor garniert). Oder er beißt in den sauren Apfel und sucht sein Glück woanders. Zum Beispiel in der freien Wirtschaft.

Doch auch dort gibt es kein Geheimrezept für Erfolg. Wer hungrig ist und Biss hat, wird sich nicht so schnell die Wurst vom Brot nehmen lassen. Weicheier dagegen haben es schwer, denn in der Geschäftswelt hat man es mit hartgesottenen Typen zu tun, die alle Tricks kennen. Mal mögen es die Umstände erfordern, dem Chef Honig ums Maul zu schmieren, mal muss man ihn wie ein rohes Ei behandeln und mal muss man Zähne zeigen, damit er einen nicht zu Hackfleisch macht. Noch schwieriger sind Kunden, denen man eine Ware anbietet. So lange das Produkt läuft wie geschnitten' Brot, ist alles in Butter. Aber was, wenn Sie es anbieten müssen wie sauer Bier? Die Leute lassen sich heute nicht mehr ausnehmen wie eine Weihnachtsgans – und wenn Sie versuchen, sie weichzukochen, werden sie den Braten riechen. Reden wir nicht länger um den heißen Brei: Bevor Sie die Früchte ihrer Arbeit ernten können, müssen Sie ganz schön 'was mitmachen. Und wehe, Sie treten zu oft ins Fettnäpfchen – dann wird Ihr Vorgesetzter Sie nämlich dahin schicken, wo der Pfeffer wächst.

Erschwerend kommt hinzu, dass heute gutes Aussehen gleichbedeutend mit Erfolg ist. Ein Spargeltarzan mit Hühnerbrust und teigiger Haut muss sich ungleich mehr durch Kompetenz hervortun als eine appetitliche Person mit Erdbeermund und Pfirsichhaut, die immerzu lächelt wie ein Honigkuchenpferd. Das mag uns nicht schmecken, aber so ist es nun einmal. Auch im privaten Bereich. Die Zimtzicke, die zudem noch mit der Statur einer Bohnenstange geschlagen ist, hat beim anderen Geschlecht deutlich weniger Chancen als ein knackiger Backfisch mit Apfelbäckchen. Von anderen apfel- oder birnenförmigen Rundungen ganz zu schweigen. Die finden die Männer nämlich zum Anbeißen – manch einer würde sagen: Zucker – und können sich kaum daran satt sehen. Sind sie richtig scharf auf eine Frau, bei der sie aber nicht landen können, kompensieren sie ihre Gier gern mit deftigen Witzen, saftigen Anekdoten oder pikanten Geschichten – die sie am liebsten in ihrer Skatrunde zum Besten geben, wo richtig »Butter bei die Fische« gegeben wird.

Derlei Reden hinterlassen bei Frauen oft einen schalen oder bitteren Nachgeschmack. Sie stehen nun einmal auf süße Typen und nicht auf ölige Machos, das ist doch klar wie Kloßbrühe. Aber das soll jetzt nicht unser Bier sein, denn hier geht es ja in erster Linie darum zu erkunden, wo der Hase im Pfeffer liegt. Vielleicht

war das auch eine Schnapsidee, denn bei all den Extrawürsten haben wir doch glatt den roten Faden verloren. Jetzt haben wir den Salat! Sie, lieber Leser, kochen vor Wut, und das zu Recht, denn dieser Aufklärungstext ist nun wirklich nicht das Gelbe vom Ei, und wenn Sie nun die beleidigte Leberwurst spielen, dann ist uns das gar nicht wurscht. Im Gegenteil, wir fordern Sie ausdrücklich auf, ein Hühnchen mit uns zu rupfen! Wir verzapfen hier nichts als Unsinn, oder bestenfalls kalten Kaffee, und vergeuden Ihre wertvolle Zeit, die Sie alte Couch Potato natürlich auf dem Sofa liegend verbringen. Pfeffern Sie das Buch in die Ecke, ja, denn erst dann kann das einzig wahre Glücksgefühl sich Ihrer bemächtigen:
Friede, Freude, Eierkuchen.

Ravioli, mit Ricotta und Spinat gefüllt

Zutaten (für 4 Personen):

Für den Pastateig:

300 g Mehl
1/2 TL Salz
3 TL Olivenöl
3 Eier

Für die Füllung:

300 g frischer Spinat
1 Ei
175 g Ricotta oder Quark
75 g frisch geriebener Parmesan
1 gequirltes Ei
Salz, Pfeffer, Muskat

Mehl und Salz in eine große Rührschüssel sieben. Eine Vertiefung in die Mitte drücken und die geschlagenen Eier sowie Olivenöl hineingeben.
Die Eier mit einer Gabel unterrühren, dabei mehr und mehr Mehl vom Rand mitverrühren. Sobald die Masse eine teigige Konsistenz hat, mit den Händen weiterkneten. Gegebenenfalls ein wenig Wasser dazugeben – ohne den Teig zu feucht werden zu lassen. Den Teig etwa 15 Minuten kräftig durchkneten, bis er glatt und geschmeidig ist.
Aus dem Teig eine Kugel formen und diese in einer leicht mit Mehl bestäubten Schüssel 15 Minuten ruhen lassen.
Den gewaschenen Spinat in einem Topf 5 bis 10 Minuten ohne Zugabe von Wasser auf niedriger Stufe dünsten. Gründlich ausdrücken und fein hacken. Gut mit Ei, Ricotta, Parmesan und Gewürzen vermischen.
Den Pastateig in zwei Hälften teilen. Eine davon mit den Händen zu einer rechteckigen Form drücken, dann dünn ausrollen. Mit einem feuchten Tuch bedecken und mit der zweiten Hälfte genauso verfahren.

Die Füllung auf der zuletzt ausgerollten Teighälfte verteilen, und zwar je

einen Teelöffel in Abständen von 4 Zentimetern. Die Häufchen mit dem gequirlten Ei umranden (zum Verschließen der Ravioli). Die andere Teighälfte vorsichtig darauf legen. An den angefeuchteten Stellen um die Füllung herum gut andrücken.
Mit einem Raviolischneider oder einem scharfen Messer die Ravioli um die Füllungen herum in Vierecke schneiden. Die Ravioli auf ein mehlbestäubtes Backblech legen und etwa eine Stunde lang trocknen (oder mit Folie bedecken und über Nacht im Kühlschrank aufbewahren).
Wasser in einem großen Topf zum Kochen bringen, 2 Teelöffel Salz dazugeben. Die Ravioli vorsichtig und nacheinander ins Wasser geben, damit sie nicht verkleben. Bei niedriger Hitze etwa 5 Minuten kochen.
Mit einem Schaumlöffel herausnehmen, in eine vorgewärmte Schüssel legen, die Sauce dazugeben und sofort servieren.

Tipp: Zu Ravioli passen am besten einfache Tomatensaucen oder eine Salbei-Parmesan-Butter.

Der Pilz wird aus festen Maschen rund gehäkelt.

Aus dunkelbrauner Wolle 2 Luftmaschen für den Pilzhut anschlagen und 6 Mal in die erste Masche einstechen.
In der 1. Reihe in jede Masche 2 Mal einstechen.

Steinpilz

In der 2. Reihe in jede zweite Masche 2 Mal einstechen.
In der 3. Reihe in jede dritte Masche 2 Mal einstechen.
Zwei Reihen gerade häkeln.

Für die Unterseite des Pilzhutes 2 Luftmaschen anschlagen und 7 Mal in die erste Masche einstechen.
In der 1. Reihe in jede Masche 2 Mal einstechen.
In der 2. Reihe in jede zweite Masche 2 Mal einstechen.
In der 3. Reihe in jede dritte Masche 2 Mal einstechen.
Aus Pappe einen Kreis von 3 cm Durchmesser ausschneiden. Pilzhut mit Watte füllen, die Pappscheibe einlegen und die Unterseite aufnähen.

Für den Stiel aus hellbrauner oder beiger Wolle 2 Luftmaschen anschlagen und 7 Mal in die erste Masche einstechen.
In der 1. Reihe in jede Masche 2 Mal einstechen.
In der 2. Reihe in jede zweite Masche 2 Mal einstechen.
In der 3. Reihe in jede dritte Masche 2 Mal einstechen.
Drei Reihen gerade häkeln.
In der 7. Reihe jede vierte Masche abnehmen.
In der 8. Reihe zwei Maschen abnehmen.
Vier Reihen gerade häkeln.

Pilzstiel mit Watte füllen und an den Pilzkopf annähen.

Die verkehrte Meerjungfrau

Es war einmal eine Meerjungfrau, die wünschte sich nichts sehnlicher, als einen Landausflug zu machen. »Vater, Mutter«, flehte sie ihre Eltern an, »verratet mir den geheimen Zauber, der mir eine Lunge zum Atmen und Beine zum Gehen verleiht!«
Doch die Eltern wollten nichts davon hören. »Was willst du an Land? Bist du denn hier im Wasser nicht glücklich? Hast du im Meer nicht alles, was du brauchst? Sag's nur, Kind, wir wollen dir alles schenken, was dir fehlt.«
Die Meerjungfrau aber schwieg. Wie sollte sie ihren alten Eltern auch erklären, dass sie von einem brennenden Fernweh geplagt war? Dass sie das Abenteuer suchte, ihren Horizont erweitern wollte, und dass die Gefahr sie ebenso sehr reizte wie die exotischen jungen Männer, die sie aus der Ferne bewundert hatte? Sie würden es niemals verstehen!
Die wunderschöne Meerjungfrau beschloss, ihren Eltern vorerst kein weiteres Ungemach zu bereiten. Im Stillen aber dachte sie: »Dann mache ich es eben ohne ihre Hilfe – irgendwann wird sich schon eine Gelegenheit ergeben.«

Wenige Wochen später begab es sich, dass eine böse Fee in der Unterwasserstadt war. Sie erfuhr von dem Wunsch der Meerjungfrau und schwamm heimlich zu ihr. »Du bist die schönste Maid weit und breit«, schmeichelte sie ihr, »willst du dich an einen dieser schleimigen Fische hier unten verschenken? Du bist zu Größerem berufen und nur auf der Erde kannst du deine wahre Bestimmung finden.«
Die Meerjungfrau war hingerissen von diesen Reden, denn sie war jung und unerfahren und glaubte an das Gute in den Meereswesen. »Liebe Fee, sag' mir, wie ich's anstellen muss, damit ich eine Lunge zum Atmen und Beine zum Gehen bekomme.«
Und die Fee antwortete: »Nichts leichter als das. Diesen Zaubertrunk«, und dabei reichte sie der Meerjungfrau einen Becher mit einer grünlich-schwarzen Tinktur, »musst du trinken. Du darfst dabei nicht einmal Luft holen, und du musst in Gedanken dreimal folgenden Spruch sagen:
Liebe Fee mach mich doch fixe zu
'ner andren Art von schöner Nixe.«

Die Meerjungfrau tat wie ihr geheißen. Das Gebräu brannte in ihrem Schlund wie Feuer, und beinahe verschluckte sie sich daran. Dennoch gelang es ihr, alles auszutrinken und dabei dreimal im Stillen die Zauberformel zu sagen. Plötzlich schien es der Meerjungfrau, als sei sie in einen furchtbaren Strudel geraten, der sie in die Tiefe zog. Als sie wieder daraus auftauchte, fühlte sie sich ganz benommen. Sie sah an sich herab – und eine unbändige Freude bemächtigte sich ihrer. Es hatte geklappt! Sie hatte Beine wie die Landwesen! Flugs machte sie sich auf den Weg an den Strand. Als sie aus dem Wasser stieg, war sie noch ein bisschen wacklig auf ihren neuen Beinen, doch die Freude über die gelungene Verwandlung verlieh ihr ungeahnte Kräfte, sodass sie schnell mit den Beinen zurechtkam. Aber was war das? Was glotzten all diese Leute denn so? Nun ja, wahrscheinlich waren sie solche Grazie und solche Schönheit nicht gewohnt. Hocherhobenen Hauptes machte sich die Meerjungfrau auf den Weg zur Strandpromenade, um ihre gewagtesten Träume endlich Wirklichkeit werden zu lassen. An der Eisdiele wollte sie stehen, ein köstliches Eis schlecken und mit den Jungs, die sich hier mit ihren Mopeds einfanden, ein wenig schäkern.

Doch schon auf halbem Weg dorthin wurde ihr klar, dass etwas nicht stimmte. Die Kinder zeigten mit dem Finger auf sie, ein Polizist kam direkt auf sie zu, mehrere Leute mit Kameras umringten sie. Die Meerjungfrau setzte zu einer Frage an, doch ihrem Mund entwichen nicht mehr als ein paar gurgelnde Geräusche. »Was ist nur geschehen«, wunderte sie sich, »dass ich nicht mehr sprechen kann?« Die Leute um sie herum lachten. »Seht nur, der komische Fisch schnappt nach Luft!«
Der Meerjungfrau wurde bang ums Herz. Sie lief wieder zum Wasser zurück, das spiegelglatt in der Abendsonne lag. In der Oberfläche betrachtete sie sich – und fiel vor Schreck beinahe in Ohnmacht. »Ich habe den Oberkörper eines Fisches! O Gott, ich Unselige! Warum habe ich nicht auf meine Eltern gehört?«

Da tauchte plötzlich die Fee aus dem Wasser auf. Sie lachte böse, und ihr Gesicht war zu einer hässlichen Fratze verzogen. »Das ist die gerechte Strafe für dumme Dinger wie dich«, höhnte sie. »Deine Anmaßung, deine Hoffart und deine Eitelkeit haben uns Meereswesen das Leben unerträglich gemacht. Nun sollst du am eigenen Leib spüren, wie es ist, wenn man unansehnlich und ungeliebt ist.«
Die Meerjungfrau schluchzte: »Bleib, liebe Fee! Verrate mir die Zauberformel, die mich wieder zurückverwandelt. Nie wieder will ich mich über andere erheben, das schwöre ich!«
Doch die Fee war wieder verschwunden. Und wenn die Meerjungfrau nicht gestorben ist, dann fristet sie heute noch ihr erbärmliches Leben als alte Jungfer.

Polpo-Kartoffel-Salat

Zutaten (für 4 Personen):

- 500 g frischer Kraken (Polpo oder Mittelmeer-Octopus)
- 2 Zitronen
- 1 Lorbeerblatt
- 125 ml Weißwein
- 500 g Kartoffeln
- 3 Tomaten
- 1/2 Bund glatte Petersilie
- 1/2 Bund Basilikum
- 5 EL Olivenöl
- Salz, Pfeffer
- 3 TL Pesto

Kraken säubern und häuten, Körper und Arme in Stücke schneiden. In kaltem Salzwasser zum Kochen aufsetzen, Saft einer halben Zitrone, Lorbeerblatt und Wein dazugeben. Etwa 20 Minuten gar kochen.
Kartoffeln würfeln, in Salzwasser etwa 15 Minuten gar kochen.
Noch warm mit den Krakenstücken vermischen. Gewürfelte Tomaten und gehackte Kräuter unterheben, mit Zitronensaft beträufeln, Olivenöl darüber geben. Mit Salz, Pfeffer und Pesto würzen.

Fortsetzungsroman

Das Haar in der Suppe

Folge 5

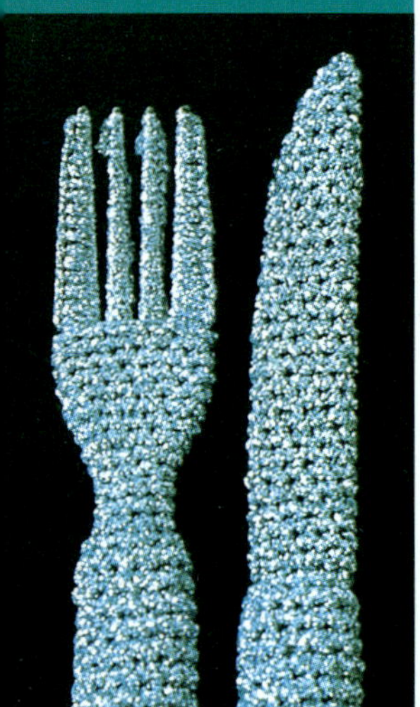

Was bisher geschah:
Nach einer Matinee ist Herr Kraweel völlig ausgehungert. Doch weder bei dem Empfang in der Villa der von Zappels noch später bei seinen Eltern ist es ihm vergönnt, ausreichend zu essen: Erst unterliegt er Stärkeren bei der Schlacht am Buffet, dann verbrennt der Sonntagsbraten seiner Mutter. Herrn Kraweel ist schon ganz flau, als er den spontanen Besuch bei seinen Eltern unter einem fadenscheinigen Vorwand abbricht und mit Vollgas zurück in die Stadt fährt. Hier, so hofft er, wird er ja wohl ein anständiges Essen bekommen. In seiner Verzweiflung hält er vor einer ihm unbekannten Gaststätte namens »Knossos« – die geschlossen ist. Beim nächsten Lokal, der »Pizzeria Roma«, bescheidet man ihn mit der Auskunft, um diese Zeit habe die Küche bereits geschlossen. Herr Kraweel blickt beunruhigt auf die Uhr.

»Donnerwetter, schon nach vier!«, entfuhr es ihm. »Und das an einem Sonntag!« Wo sollte er jetzt bloß noch etwas Essbares auftreiben? Leicht hysterisch machte sich Herr Kraweel weiter auf die Suche nach einem Etablissement, das noch mit warmer Küche aufwarten konnte. Denn etwas Warmes musste es schon sein, nach allem, was Herr Kraweel an diesem Tag durchgemacht hatte. Und weil Herrn Kraweels Magen äußerst empfindlich war, mussten die Speisen bekömmlich und zudem im Sitzen einzunehmen sein. Hamburger-Restaurants, Dönerstände und Imbissbuden kamen daher nicht in Frage. Plötzlich sah Herr Kraweel das anheimelnde Schild eines Chinarestaurants. »Sommerpala t« las er (hinter dem »s« war die Glühbirne ausgefallen), und nie waren ihm fauchende Drachen, goldene Buddhas und rote Lampions so verführerisch erschienen. Blitzschnell versuchte Herr Kraweel von der äußersten linken auf die äußerste rechte Spur der dreispurigen Straße (»Ring 1«) zu wechseln. Leider übersah er dabei einen LKW, der auf der mittleren Spur fuhr... Weil der Unfallverursacher nicht vernehmungsfähig war, nahm die Polizei ihn mit zur Wache. Ein eilends herbeigerufener Psychologe besah sich den Patienten und wirkte angesichts dessen totaler Apathie ratlos. »Kann ein harmloser Auffahrunfall tatsächlich einen solchen Schock auslösen, wie dieser Mann ihn offenbar hat?«, begehrte ein Wachtmeister von dem Psychologen zu wissen. »Sicher. Wichtig ist, dass wir ihn gut warm halten – und ihm nichts zu essen geben. Dann wird der schon wieder.« Damit entschwand der Psychologe geschwind, denn auf keinen Fall wollte er »Praxis Bülowbogen« verpassen. Also ließ man Herrn Kraweel, eingehüllt in eine Decke, auf der lindgrünen Wartebank sitzen und vor sich auf den Boden stieren. Abends um neun saß Herr Kraweel noch immer auf der Wache, weil kein Angehöriger aufzutreiben war, der den Mann abholen wollte, und weil die zuständigen Beamten von der Sozialbehörde nicht erreichbar waren. Ein Polizist, der für sich und den anderen diensthabenden Kollegen um die Ecke etwas zu essen geholt hatte, brachte Herrn Kraweel einen Styroporbecher Suppe mit. Er funktionierte einen Plastikstuhl zum Tisch um, stellte ihn mitsamt der Suppe vor Herrn Kraweel und sagte: »Hier, du arme Socke, vielleicht bringt dich die wieder auf Trab.« Und tatsächlich: Herr Kraweel rührte sich. Er mobilisierte all seine Energie, um die Suppe zu erreichen – war aber so entkräftet, dass er Sekunden später in sich zusammensackte. Sein Kopf fiel vornüber. Die langen Haare von Hinter- und Seitenkopf, die Herr Kraweel über seine Halbglatze gekämmt hatte, lösten sich und fielen in die Suppe.

Ein Zustand, den Herr Kraweel nicht einmal in dieser seiner misslichen Lage hinnehmen konnte. »Herr Wachtmeister, da schwimmen Haare in meiner Suppe!«, empörte er sich mit schwacher Stimme. Dann schwanden ihm die Sinne erneut.

(Fortsetzung folgt)

Sektsorbet

Zutaten für 4 Personen:

375 ml Champagner oder
trockener Sekt
60 g Puderzucker
1/2 Bund Minze

Sekt mit Puderzucker in einer Metallschüssel verrühren, etwa 6 Stunden frosten.
Zuerst nach 60 Minuten, dann alle 30 Minuten mit einer Gabel umrühren.

Mit einem Eisportionierer Kugeln vom Sorbet abstechen, in Sektschalen geben und mit Minzblättern garnieren.

Die Wollust-Diät

Führende Wissenschaftler haben in langjährigen Studien an zwei Versuchspersonen herausgefunden, dass es einen unmittelbaren Zusammenhang zwischen Tastsinn, Essverhalten und sexuellen Vorlieben gibt. Die Forscher bestätigten aber nicht nur die alte Erkenntnis »Du bist, was du isst«. Die Studie ergab auch, dass wir anhand unserer Präferenzen für verschiedene Textilien herausfinden können, welche Nahrungsmittel uns am besten bekommen. Dieser Test zeigt Ihnen, welcher Woll-Typ Sie sind – und mit welchen Tricks Sie Ihre Pfunde am effektivsten loswerden.

A.) Sie stehen in einer langen Schlange vor der Supermarktkasse. Wie vertreiben Sie sich die Zeit (sollte keine der Aussagen auf Sie zutreffen, bitte diejenige auswählen, die am ehesten zutrifft)?

3 Ich studiere aufmerksam die Liste der Inhaltsstoffe auf der Müslipackung.

1 Ich öffne eine der fünf Chipstüten in meinem Wagen und stärke mich ein wenig.

2 Aus dem Zeitschriftenständer hole ich mir »Kartoffel und Co.« und blättere interessiert darin herum. Klasse Rezepte – das Heft kauf' ich mir!

6 Mir fällt ein, dass ich noch dringend eine Flasche Chablis und zwei Döschen Kaviar brauche und eile los. Den Mann hinter mir bitte ich, meinen Wagen mit weiterzuschieben.

4 Ich zettle einen Zwergenaufstand an und sorge dafür, dass eine weitere Kasse geöffnet wird.

5 Ich male mir anhand der feinen Sachen in meinem Wagen aus, wie ich was zubereite.

B.) Sie sind bei Freunden zum Essen eingeladen. Die Speisen sind ungenießbar. Wie ziehen Sie sich aus der Affäre?

1 Ich esse alles auf. So schlimm ist es ja dann doch nicht.

4 Ich sage meinen Freunden ins Gesicht, was ich von ihrer Kochkunst halte.

5 Ich behaupte, keinen Hunger zu haben und beschränke mich auf den Wein, der ganz ordentlich ist.

2 Gemeinsam mit den Gastgebern lache ich über das Malheur. Dann bestellen wir eine Pizza.

3 Ich gebe mein Bedauern darüber kund, dass ich weder Fleisch noch konventionell angebautes Gemüse esse.

6 Meine Freunde wissen, wie anspruchsvoll ich bin. Sicher verzeihen sie es mir, wenn ich mich am Gastgeschenk labe – verschiedenen Rohmilchkäsen, die ich von meiner letzten Reise in die Provence mitgebracht habe.

C.) Sie liegen auf dem Sofa und frösteln. In welche Decke kuscheln Sie sich ein?

5 In meine Nerzdecke (Webpelz).

6 In meinen seidenen Granfoulard.

1 In die Polyester-Decke von Tchibo.

2 In einen Baumwoll-Quilt.

3 In eine selbst genähte Decke aus bolivianischem Wolltuch.

4 In die aus dem Flieger geklaute Decke mit »Lufthansa«-Aufdruck.

D.) Ein sonniger Tag an einem karibischen Strand. Womit beschäftigen Sie sich am liebsten?

4 Ich rausche den ganzen Tag mit dem Jetski durchs Wasser und erschrecke hübsche Bikini-Girls.

1 Ich lasse mir von den Eingeborenen Pina Coladas bringen und zische die Dinger literweise weg.

3 Ich beschäftige mich mit der Lyrik des in Vergessenheit geratenen Nobelpreisträgers, der von hier stammt.

2 Ich döse unterm Sonnenschirm – wenn ich nicht gerade mit den Kindern Sandburgen bauen muss.

6 Ich speise mindestens drei Stunden lang im besten Restaurant der Insel.

5 Nach dem Schwimmen esse ich in einem Strandlokal gebratene Fische, danach lese ich einen unterhaltsamen Roman und schlafe ein bisschen.

E.) Welches Transportmittel benutzen Sie am häufigsten?

3 Das Fahrrad natürlich.
5 Das Taxi.
1 Meinen Manta.
2 Bus oder Bahn.
4 Eine gemietete Stretch-Limousine.
6 Meinen Privatjet.

F.) Zum Sex gehört für Sie an erster Stelle ...

2 eine zweite Person.
4 Reizwäsche.
5 ein anregendes Vorspiel.
3 eine tantrische Übung.
6 Champagner.
1 Dunkelheit.

G.) Ihre Mutter handarbeitet für ihr Leben gern und möchte Ihnen zum Geburtstag etwas häkeln. Was wünschen Sie sich von ihr?

6 Eine trendige Handtasche im Hippie-Stil.
1 Eine Bistrogardine.
3 Einen Poncho – aber nur, wenn er aus chemisch unbehandelter Baumwolle ist.
5 Ein paar hübsche Topflappen, die kann ich immer gebrauchen.
4 Ein Etui für Taschentücher.
2 Einen Kissenbezug.

H.) Sie gehen im Stadtpark spazieren. Welches »Mitbringsel« könnte von Ihnen sein?

5 Ein schöner Stein.
3 Coladosen und anderer Müll, den ich am Wegesrand aufgelesen habe.
1 Ein paar Rosen, die ich im »Rosengarten« stibitzt habe.
2 Gräser und Gänseblümchen.
6 Der Gärtner – ich habe ihn abgeworben, damit er in meinem Garten ähnliche Wunder bewirkt.
3 Ein Euro. Ich bücke mich nur für Geld.

Auflösung:

Vor jeder Antwort steht eine Punktezahl. Addieren Sie sie. Ihre Gesamtpunktzahl gibt Aufschluss darüber, welcher Textil-Typ Sie sind – und wie Sie Ihre Ernährungsgewohnheiten darauf abstimmen sollten.

8–12 Punkte: Der Polyester-Typ
Sie stehen auf Chemie, ganz gleich ob bei Klamotten oder beim Essen. Eines Ihrer Leibgerichte ist der Kartoffelauflauf, den Sie mit der Instant-Béchamelsauce von Knorr zubereiten. Aber Vorsicht: Die Kartoffeln könnten zu gesund sein. Beschränken Sie sich, wenn Sie abnehmen wollen, lieber auf Tütchen-Gemüsesuppen, auf Du-darfst-Wurst und auf nitrofenverseuchtes, mageres Fleisch. Frisches Obst und Gemüse sind absolut tabu! Zum Frühstück empfiehlt sich zum Beispiel löslicher Kaffee, dazu ein Glas kalorienreduzierter Fruchtnektar (jede Menge Stabilisatoren), ein Keks mit Cremefüllung (massenhaft künstliche Farb- und Konservierungsstoffe), eine Ecke Schmelzkäse oder ausnahmsweise auch mal Eier mit Speck (hormonbelastet!). Diese Diät hat den enormen Vorteil, dass Sie sie lange durchhalten können – weil Ihr Speiseplan so abwechslungsreich ist. Schließlich gibt es heute kaum noch Nahrungsmittel, die keine Chemie enthalten.

12–19 Punkte: Der Baumwoll-Typ
Anspruchsloser und unkomplizierter als Sie kann man kaum sein. Sie essen, was auf den Tisch kommt, auch wenn's mal nicht ganz so lecker ist. Sie denken eben praktisch. Auch bei Ihrer Kleiderwahl: Die Sachen müssen robust und gut zu waschen sein. Baumwoll-Typen neigen in ihrem Pragmatismus allerdings auch dazu, mehr zu essen, als ihnen gut tut – es könnten ja mal schlechtere Zeiten kommen. Vergessen Sie's! Fettleibigkeit nützt Ihnen bei einer Hungersnot ja nicht wirklich viel. Um Ihr Gewicht unter Kontrolle zu

bekommen, sollten Sie sich an einen ganz schlichten Speiseplan halten. Zum Beispiel morgens ein Brötchen mit Quark, mittags ein Knäckebrot mit Quark, abends eine Scheibe Schwarzbrot mit Quark. Zwischendurch dürfen Sie nach Belieben Äpfel und rohe Möhren essen.

20–27 Punkte: Der Schurwoll-Typ
Sie sind ein ungemütlicher Zeitgenosse, und das mit voller Absicht. Sie entscheiden sich bewusst für kratzige Pullover, damit Sie nie vergessen, Ihre ökologisch motivierte Kratzbürstigkeit hervorzukehren. Ihre Devise: Reden ist Silber, Demonstrieren ist Gold. Ihre Ernährung haben Sie Ihren Überzeugungen angepasst: Sie konsumieren zwar Kaffee aus fairem Handel und Hirse aus Hilfsprojekten in Afrika, sonst aber beschränken Sie sich auf Bio-Produkte aus hiesigem Anbau. Bei einer Diät kommt Ihnen (und Ihrem Geldbeutel) diese Haltung zugute: Im Sommer sollten Sie sich vorzugsweise von Salatgurken und Hülsenfrüchten ernähren, im Winter von Kohl und Hülsenfrüchten. Wundern Sie sich jedoch nicht, wenn alte Freunde plötzlich Abstand nehmen: Diese Kost wirkt zwar entschlackend, aber auch äußerst blähend.

28–35 Punkte: Der Mischfaser-Typ
Nichts gegen Ihre Lust am Angeben – aber finden sie nicht, ein bisschen weniger Show täte es auch? So gern Sie günstige Kleidung tragen, die teuer aussieht, so gern essen Sie auch Speisen, die Ihnen nicht schmecken, mit denen Sie aber zu punkten glauben. Ein Trugschluss. Sie selber wären schließlich viel zufriedener, wenn Sie bei Geschäftsessen nicht ständig Sushi oder Kalbsbries bestellen müssten – und Ihrem Gegenüber würde es auch besser bekommen, wenn er mal in ein entspanntes Gesicht blicken könnte. Also: Seien Sie ehrlicher sich selbst gegenüber, dann stellt sich automatisch ein gewisses Glücksgefühl ein. Und das wiederum drosselt Ihren Appetit. Die ideale Diät für Sie: Morgens auf die Grapefruit verzichten, stattdessen einen dickeren Klacks Marmelade aufs Brötchen; mittags In-Lokale meiden, dafür lieber mal ein Grillhähnchen an der Imbissbude essen; abends ein Tomatenbrot oder einen Rollmops.

36–43 Punkte: Der Angora-Typ

Sie lieben Behaglichkeit über alles. Ihre Garderobe besteht zum größten Teil aus flauschigen Materialien, und ein gelungenes Liebesspiel beinhaltet für Sie vor allem Kuscheln. Auch beim Essen bevorzugen Sie warme, weiche Kost: Kartoffelpüree, Eintöpfe, Schokoladenpudding – das sind die Dinge, die Sie bei Laune halten. Leider haben diese Essgewohnheiten den Nachteil, dass sie unweigerlich zur Verfettung führen. Es gibt jedoch ein paar Tricks, wie Sie beim Essen die Seele wärmen, ohne allzu viele Kalorien aufzunehmen. Pudding etwa sollten Sie nur selber kochen und den Zucker durch Süßstoff ersetzen. Beim selbstgestampften Kartoffelpüree kann man die Butter getrost weglassen, wenn man dafür etwas mehr Milch nimmt. Und Nudeln schmecken auch noch lecker, wenn man statt der Sahne-Käse-Sauce ein mageres Tomaten-Sugo zubereitet. Tja, ein wenig Arbeit müssen Sie schon investieren ...

44–48 Punkte: Der Seiden-Typ

Eine echte Diva! Wer so verwöhnt ist wie Sie, dürfte keine Figurprobleme haben. Von Hummer, Kaviar, Trüffeln, exotischen Fischen und mageren Filetsteaks wird man schließlich nicht dick. Sollten Sie dennoch mit Übergewicht zu kämpfen haben, kann das eigentlich nur eine Ursache haben: Sie bewegen sich zu wenig. Sie räkeln sich zu lange auf Ihrem seidenbezogenen Diwan, Sie lassen sich zu oft in Ihrem mahagonigetäfelten Jet herumfliegen und Sie sitzen zu oft in Ihrer brokatverhüllten Sänfte. Gönnen Sie Ihrem in Wellness-Oasen geölten Luxuskörper doch mal ein wenig Ertüchtigung. Wussten Sie zum Beispiel, dass man beim Golf auch die Beine statt des Elektrocarts benutzen kann? Das ist ganz einfach, und es kann wirklich Spaß machen. Auch beim Sex gibt es unzählige Möglichkeiten, Kalorien zu verbrennen – wenn man ausnahmsweise mal darauf verzichtet, in Duldungsstarre zu verharren und sich bedienen zu lassen ...

Wo die Kirsche zur Tomate wird

Im Exklusiv-Interview verriet uns die umjubelte und preisgekrönte Spitzenköchin Patricia Waller einige ihrer ausgefallenen Tricks.

Ihre Kreationen werden weltweit gefeiert. Was ist Ihr Erfolgsgeheimnis?
Das A und O sind die Zutaten, sie müssen ganz frisch und von außergewöhnlich hoher Qualität sein. Ich verlasse mich da seit Jahren auf den Lieferanten meines Vertrauens, Schachenmayr nomotta, der auch die ausgefallensten Lebensmittel immer parat hat bzw. kurzfristig beschaffen kann.

Wonach beurteilen Sie die Frische der Zutaten?
Ich habe da, wie jeder Spitzengastronom, meine Erfahrungswerte. Basilikumblätter etwa entwickeln nur dann ihr feinstes Aroma, wenn sie nicht allzu jung, aber auch noch nicht zu groß und dunkel sind. Ideal sind die der Sorte »Extra birke Nr. 3617«.

Das erfordert natürlich ein gewisses Maß an Abstraktionsfähigkeit.
Ja, absolut. Wer nicht in der Lage ist, »Extra kirsche Nr. 3534« als das zu erkennen, was es in Wahrheit ist, der wird es in unserer Branche wahrscheinlich nie sehr weit bringen.

Ähm, was ist es denn? Eine ... Kirsche?
Natürlich nicht! Es ist die perfekte Tomate!

Warum bezeichnet man es dann nicht als Tomate? Handelt es sich da um eine Art von Geheimcode?
Nein, so kann man das nicht sagen. Es ist vielmehr so, dass sich bestimmte Begriffe für Farben durchgesetzt haben, die mit der Realität wenig zu tun haben. Unter »Kirschrot« versteht man im allgemeinen ein helles, dennoch kräftiges Rot – das dem dunklen Rot einer perfekten Kirsche überhaupt nicht ähnelt. Ich würde für meine Kirschen eher »Burgunder« wählen.

Ein bisschen verwirrend ... Was wird heute abend bei Ihnen zu Hause aufgetischt?
Glanzperle natur Nr. 1355 mit Extra bisquit Nr. 3640 gehört zu meinen absoluten Favoriten in dieser Jahreszeit. Danach vielleicht noch Favorit lindgrün Nr. 76 mit Micro kaffee Nr. 10.

Aha: Spargel mit Sauce Hollandaise, danach Pistazien- und Schokoladeneis.

Patricia Waller

1962 geb. in Santiago, Chile
1968 Umzug nach Deutschland
1985-90 Studium an der Staatlichen Akademie der Bildenden Künste Karlsruhe
bei Prof. O.H. Hajek, K. Fritsch, W. Pokorny, E. Wagner, H. Klingelhöller
1990 Diplom und Meisterschüler
1993 DAAD-Stipendium Gent, Belgien
1995 einjähriges Auslandsstipendium, Columbia College, Chicago, USA
1999 Stipendium Cité Internationale des Arts, Paris, Frankreich
2002 Kunstpreis der Werner Stober Stiftung
Lehrauftrag für Bildhauerei an der Fachhochschule für Gestaltung in Pforzheim

Patricia Waller lebt und arbeitet in Karlsruhe. Weitere Informationen finden Sie auch unter **www.patriciawaller.com**

Bisherige Ausstellungen (Auswahl):

1988 Symposion Salzgitter *Kunst überall*, Installation
1989 Jahresausstellung der Gesellschaft der Freunde Junger Kunst, Baden-Baden
Symposion Landesklinik Hirsau, Installation
1990 Installation in der Orgelfabrik, Karlsruhe
Kunst für Karlsruhe Installation in der Innenstadt, Skulptur (K)
1991 Kunst in der Polizeibehörde, Karlsruhe
Freilichtgalerie Ludwigsburg, Skulptur
1992 *Maria* Ausstellung im Oberrheinischen Dichtermuseum Karlsruhe und »Kunzhalle Klandestin« Wuppertal
Geld oder Leben Galerie von Witzleben, Karlsruhe
Initiale 92 Junge europäische Kunst, Kloster Haydau (K)
Multiples Gesellschaft der Freunde Junger Kunst, Baden-Baden
Skulpturenweg Rheinland-Pfalz, Installation
1993 *Frei ab 18* Installation auf KX Kampnagel, Hamburg
Das Magazin Gesellschaft der Freunde Junger Kunst, Baden-Baden
Die Kugel Gesellschaft der Freunde Junger Kunst, Baden-Baden

1994 *Don't kill your idols* Galerie Hartmut Beck, Erlangen (E, K)
22. Jahresausstellung der Gesellschaft der Freunde Junger Kunst, Baden-Baden
Das Objekt der Begierde Galerie Artaque, Karlsruhe
Clean a way Glasganggalerie, Akademie der Künste, Berlin
Jäzt Jahresausstellung Badischer Kunstverein, Karlsruhe (K)
Raumgestaltung in der Landesklinik Hirsau

1995 *Text – Bild – Zeichen* Galerie von Witzleben, Karlsruhe
Collage 10th floor Gallery Columbia College, Chicago
ver(w)irrt Installation, Hokin Annex in the works Gallery, Chicago (E)
Begreifungskräfte Künstlerinnen heute, Badischer Kunstverein, Karlsruhe (K)

1996 *Begreifungskräfte* Künstlerinnen heute, Stadthaus Ulm (K)
Bildstörungen und Computergames Galerie Haus Schneider, Ettlingen (E)
Art Cologne, Förderkoje, Galerie Haus Schneider

1997 *Technical Devices* Galerie Knoll, Wien (E)
Needleworks Studioausstellung, Städtische Museen Heilbronn (E) (K)
Technical Devices Galerie Knoll, Budapest (E)
Frauen und Technik Zeppelin Museum Friedrichshafen (E)

1998 *Highlights* Badischer Kunstverein Karlsruhe (E, K)
Experimentelle 10, Schloss Randegg
Zeit-Zeichen Kulturregion Heilbronn, Stadt Lauffen, Skulptur

1999 *Needleworks* Galerie Deschler, Berlin (E)
La Mano, Städtische Museen Heilbronn (K)
Le Buffet Cité Internationale des Arts, Paris, Frankreich
Aliens Galerie Haus Schneider, Karlsruhe (E)

2000 *»Im Zeichen des Schafes«* Fabrikmuseum Nordwolle, Delmenhorst (K)
Girls Galerie Brigitte Weiss und Galerie Art Magazine, Zürich
Wolllust Kunsthalle Dominikanerkirche Osnabrück (E,K)
Le Buffet Centre Culturel Français
Kitchnapping II Galerie für Zeitkunst, Bamberg

2001 *Art Delights* Publiekscentrum voor Beeldende Kunst M17, Enschede, NL (E)
Die Erotikausstellung Galerie Rainer Wehr, Stuttgart
Hausarbeiten – Das Leben im Alltag Städtische Galerie Nordhorn (K)

Skulptur! Skulptur? E-Werk, Hallen für Kunst, Freiburg
»Er fliegt und fliegt« Kunstverein Bad Salzdethfurth (K)
Triennale der Kleinplastik Fellbach
Kitchnapping III Siemensforum, Erlangen
Mit vollem Munde spricht man nicht Galerie der Künstler, München (K)

2002 *Karlsruhe-Leipzig 1:1* Kunstraum B/2, Leipzig
Smullen von Kunst Gemeentemuseum, Helmond, NL
»handmade« EnBW Energie AG, Sonycenter, Berlin (E)
kleinskulptur Galerie Rhenus, Köln
skin Kabinett im Stadtmuseum, Jena (E)
Schwarzwaldhochstrasse Aktuelle Kunst aus und in Baden-Württemberg, Kunsthalle Baden-Baden (K)
»Mahlzeit« Burgmuseum der Stadt Horn-Bad Meinberg (E)
Frauen und Technik Technisches Landesmuseum Schwerin (E)
Mit vollem Munde spricht man nicht Stadtgalerie Kiel
Needleworks Galerie Deschler, Berlin (E)

(E = Einzelausstellung, K = Katalog)

Verzeichnis der Rezepte und Häkelanleitungen

Rezepte

Häkelanleitungen

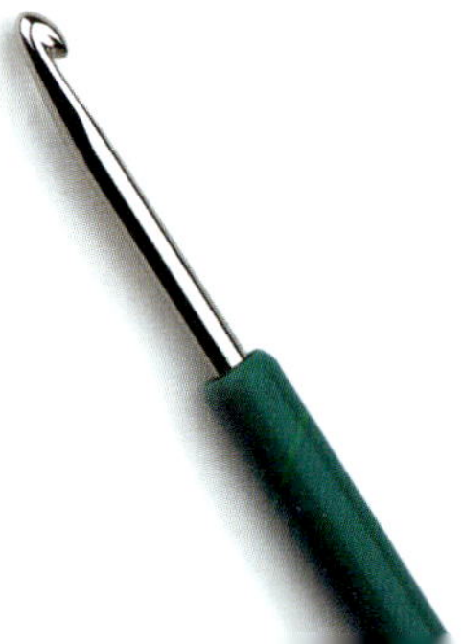

▸▸▸ Lesetipp ◂◂◂

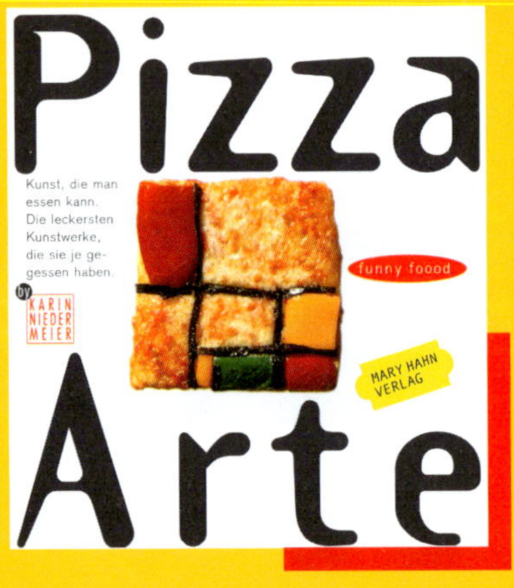

◂◂ Kunst kann so lecker sein

Kunstwerke, die man essen kann! Lassen Sie sich von diesen neuen originellen Pizzavarianten inspirieren, schwelgen Sie in da Vinci, Mondrian, Magritte, Keith Haring oder Picasso, tauchen Sie in die kulturhistorischen Epochen der Menschheit ein und träumen Sie sich in ferne Länder. Diese kunstvollen Meisterwerke sind ein Hingucker auf allen Partys und werden Leckermäuler zum Staunen bringen!

ISBN 3-87287-506-X · Mary Hahn

Die Mittagspause ist gerettet ▸▸

Kantinenschnitzel, Supermarktsalat, Kaffee in Massen… das durchschnittliche Mittagessen eines „Büromenschen". Aber es geht auch anders! Mit diesem Kochbuch kann jeder blitzschnell in der Büroküche Salate, leichte Pasta-Gerichte oder fantasievolle Snacks zaubern. Neben seinen Rezeptideen präsentiert Thomas Feibel Anekdoten aus dem kulinarischen Büro-Alltag und organisatorische Tipps rund um Einkauf und Abwasch.

ISBN 3-87287-507-8 · Mary Hahn

◂◂ Glück kann man essen

Glück ist positive Energie, die Sie fördern können, indem Sie sich mit den richtigen Farben umgeben oder bei Ihrem Speiseplan den Kreislauf der Natur berücksichtigen. Das außergewöhnliche Kochbuch hilft Ihnen dabei, denn die farbenfrohen Rezepte setzen die Energie, die von MÁRA!s fröhlichen Bildern ausgeht, in köstlicher Weise um. Ein Erlebnis für alle Sinne, ein Buch zum Staunen, Hineinschreiben und Vorlesen.

ISBN 3-87287-504-3 · Mary Hahn

BUCHVERLAGE LANGEN MÜLLER HERBIG
www.herbig.net